U0574859

感谢以下项目资助和支持

文化部文化艺术科学研究项目

城市化背景下中部地区城市边缘区聚落景观过程研究（编号：13DG37）

连片扶贫视角下湖北大别山红色聚落活化利用研究（编号：16DG62）

湖北省重大调研课题基金项目

湖北新农村建设的瓶颈与突破（编号：LX201742）

湖北省人民政府智力成果采购项目

基于湖北美丽乡村建设中"项目制"的变异与修正路径研究（编号：HBZZ-2017-05）

湖北省社会科学基金研究项目

"内生模式"美丽乡村建设理论与实践探索（编号：2015120）

湖北省教育厅优秀中青年人才研究项目

武汉民居研究（编号：Q20081102）

湖北省通山县传统聚落自发景观形态特征研究（编号：Q20101116）

鄂东民居聚落景观研究（编号：Q20111103）

湖北省阳新县传统聚落景观形态研究（编号：Q20121110）

美丽乡村建设的创新与实践研究（编号：Q20161108）

湖北省教育厅人文社会科学研究项目

新农村建设中村落规划与设计的地域性研究——以鄂东南为例（编号：14Q016）

鄂东南民居聚落自发景观研究（编号：2011jyte129）

湖北省住房和城乡建设厅建设科技研究软科学研究项目

阳新传统聚落生活景观形态研究（编号：2011060）

"内生模式"
美丽乡村建设

——鄂州市梁子湖区建设实验

叶　云　袁心平　李一霏　等◎著

人民出版社

本书写作组成员

叶　云　　袁心平　　李一霏　　罗　斌
侯　涛　　白　雪　　杨小俊

新农村建设研究团队成员（按姓氏笔画排序）

叶　云　　白　雪　　李　菁　　李一霏　　杨小俊　　张　峰
罗　斌　　侯　涛　　袁心平　　翁雯霞　　曹诗图　　谭刚毅

目　录

序

　　2005 年年底中央作出两项事关农村发展大局的重大决定，一是从 2006 年开始全面取消农业税，二是同样从 2006 年开始实施社会主义新农村建设。这是我国城乡关系在制度和政策层面的历史性转折，迄今正好十年。

　　取消农业税后国家持续加大对农村的资源输入，社会主义新农村建设便是非常重要的资源输入途径。在集中力量办大事和以点带面的思路指导下，地方政府不惜财力打造新农村示范村、样板村、典型村。然而，在许多典型村示范村中，农民对政府行为的不理解、不满意相当普遍，村庄治理能力也并未得到显著提高。在这个过程中，许多涉农政策和项目资金被打包整合使用，名义上是提高涉农资金使用效率，实际上却造成了国家资源分配的严重失衡，大多数普通农民和普通村庄得到的支持相对来说要少很多，农村公共服务水平低下的局面尚未得到彻底改善。

　　我一直主张，在中国现代化进程中，城市是发展极，农村是稳定器，城乡互补相辅相成，这是中国式稳健城市化道路的关键。新农村建设的作用是强化农村的稳定器功能，为数亿不能迅速在城市体面安居、要长期在城乡之间自由进退、因而依然需要农业和农村保底的农民提供基本保障。保底的新农村建设需要更加关注最大多数生活在普通村庄的普通农民，将涉农项目和资金向这些群体倾斜，一方面通过农业基础设施建设和土地制度改革，提高农民家庭生产的便利化程度，另一方面通过强化基层组织建设，提高村庄治理能力，更好地回应农民对包括社会秩序、公共文化在内的基本公共品的需求。目前各地普遍出现涉农政策和项目资金向新型经营主体和典型村庄倾斜的趋势，应该立即扭转过来。

与政府主导的新农村建设长期并存的，是一些知识分子或民间组织开展的乡村建设试验，其理念、方法和效果差异巨大。我本人及所在研究机构从事乡村建设十余年，主要开展的是以老年人协会为主体的社会文化建设，在湖北沙洋、洪湖两地四个村庄建立的老年人协会运转十年非常成功。也因此，2014年，叶云教授主动邀请我主持的研究团队，在武汉合作开展美丽乡村建设试验。叶教授团队以规划和建筑设计的专业人士为主，而且他本人对村庄社会文化和经济合作等兴趣浓厚，见解颇多。一年来，双方合作愉快，项目进展也很顺利。接触多了，深切感受到叶教授对农民怀有深厚感情，对乡村建设抱有极大热情，精力充沛而且富有感染力。我们虽然在某些问题上还有不同看法，但在乡村建设要增强农村内生活力上持有高度共识。

叶教授领导的团队从事乡村建设试验多年，积累了丰富的实践经验。《"内生模式"美丽乡村建设——鄂州市梁子湖区建设实验》是他们近年乡村建设经验的总结，为像万秀村和张远村一样、地处大城市周边、具备区位优势便于发展都市乡村旅游业的一类村庄，探索了一条保持和发扬乡土传统、增强村庄内生活力的新农村建设路径，非常具有启发意义。叶教授在书中还提出了一个非常值得思考和研究的问题，那就是在新农村建设中，如何更好地协调知识分子的建设理念、地方政府的行政观念和分化了的农民的利益诉求之间的关系。所有美好的理念只有落地了才有意义，当下，坐而论道夸夸其谈者太多，实践者太少，能够真正理解和应付复杂现实的实践者更少。这本书充分体现了叶教授及其团队将理念与复杂现实相结合的努力与成果，相信每一位读者都能从中获益良多。

　　乡村是中国人的故乡，故乡是中国人的宗教。乡村建设，意义非凡，任重道远。

　　是为序。

　　　　　　　　　华中科技大学中国乡村治理研究中心　贺雪峰

第一章 美丽乡村建设刻不容缓

　　虽然新农村建设已经进行了很多年，但农村发展依然有许多根本性问题未能解决。同时，随着城市化水平的提高，逆城市化趋势未来会越来越明显，探究农村发展存在的问题及城市化进程中的农村战略地位问题，从而提出合理的解决方案意义重大。

一、目前中国农村发展存在的问题

中国进入现代化进程后，政治、经济、文化资源都集中于城市，国家的制度设计在有意无意倾向于城市时，造成了以下问题：首先，工业化积累从农业中拿走了大部分剩余价值，余下的口粮在人民公社时期按照人口分配，而没有按劳分配，劳动缺少激励，集体化后期农业经济发展缺乏动力。在市场经济条件下，农业收益低导致农村土地、劳动力、资金三大要素大量流出农村，农业凋敝。[①]其次，中国人多地少的矛盾迫使人们外出务工，当外出打工遇到风险时，家里不多的土地又是农民最低的生活保障。[②] 在城乡二元制的背景下，制度规定土地不准自由买卖，从而保持了农村土地的平均分配。另外，农村收入不足迫使农民外出务工，为制造业和城市化提供了大量劳动力，但也掩盖了农业从业人员中一半劳动力隐性失业的真相，使得这种"半耕半工"的现象制度化。最后，农民"自给自足"式的公共品提供方式因缺少政府的提供而显不足。由于历史原因，农民未能有效地组织起来，权利表达的渠道和方式欠缺，劳动力无限制供给而价格低廉。传统的农村社会秩序正在解体，现代的社会关系未建立，农村面临文化危机。[③] 针对以上情况，中央于 2005 年提出要把扩大内需和提高农民的消费结合起来，要进行新农村建设化解三农矛盾，要增强农业生命力和国际竞争接

---

① 温铁军：《中国新农村建设报告》，福建人民出版社 2010 年版，第 164—165 页。

② 郭俊霞：《打工经济对农民家计安排的影响——皖北李圩村调查》，《华南农业大学学报（社会科学版）》2010 年 9 月 2 日。

③ 参见郭星华：《构建和谐的中国农村社会》，《探索与争鸣》2005 年第 2 期。

轨，要保证全国粮食安全这一战略意义。经过近些年的新农村建设，农村状况有了很大改善，但还有一些问题未能解决。

（一）农业综合发展能力仍然低下

农业依然是国民经济发展的薄弱环节，投入严重不足、生产基础薄弱仍未改变。粮食增效、农民增收的长效机制仍未形成。快速的工业化、城市化，使得农业生产要素和三农剩余快速流出农村。耕地面积急剧减少，产业水平严重下降，资金因制度方面的原因流向城市，农村供不应求。从新农村建设科研方面来看，农业科研投入占社会其他方面科研投入的比例是下降的，农业科研推广体系出现"线断、网破、人散"的局面。农业规模小，造成农户对农业高新技术的接纳程度低。农业信息化方面，信息供给和使用严重脱节，信息从业者和使用者大部分在城市，分散小农的信息化建设滞后，人员缺乏，内容单一。农民合作组织发展缓慢，农民组织化程度不高，无法满足许多农民合作组织对外业务经营和开展正常的经济活动如信贷融资及赢利业务的需要。①

（二）农民生活依然贫困

农民收入和城市居民收入差距越来越大，进城农民工在城市中收入低，待遇差，保障缺失，社会地位低。农村基本公共品投入不

---

① 参见周琳琅：《发展农民专业合作经济组织的意义、障碍和对策》，《湖北社会科学》2004 年第 7 期。

足，农村社会事业发展水平低下，农村义务教育投入不足，农村公共卫生保障低，农民看不起病、吃不起药、因病返贫现象严重。[①] 农村社会保障能力差、覆盖面窄、范围小、发展不平衡。传统家庭的保障功能和土地保障功能也减弱，贫困问题依然大面积存在。绝对贫困减少，但相对贫困有扩大趋势。经济贫困、文化贫困、环境贫困、体制贫困并存。[②]

（三）农村可持续发展问题严重

环境污染问题严重，农业污染、生活污染严重，城市污染向农村转嫁，造成农村公共卫生条件恶化，人居条件差。[③] 由于村社共同体不能建立，农民合作不能达成意向，村社的内生秩序没有根基，故内生秩序失去规范，农村传统的价值观念式微，消费主义、实用主义、功利主义观念盛行，传统道德观念面临挑战。

（四）乡村自治薄弱

村民难以实现真正的自治，而乡镇政府在行政代理者市场化"索利"运作模式过程中，对农村造成冲击。中国传统政权的治理模式"皇权不下县"的优势消失。原来，政权的末端机构到县级就可以了，县下设乡公所。县下广大乡村基本靠自治，矛盾基本在

---

① 参见张华：《我国城乡公共物品政府供给的差异性及其调整——基于公共财政支出的分析视角》，硕士学位论文，厦门大学，2007 年。

② 参见郭勇、李学术：《破解新形势下的农村反贫困难题》，《党政干部参考》2013 年第 12 期。

③ 参见高志永等：《我国农村环境管理体制探析》，《环境保护》2010 年第 19 期。

内部就可解决。传统乡绅在其中起到上下联结作用。这是真正实现了大社会、小政府的格局，官员的数量也相当少。而新中国成立后中国农村的发展，先由合作社到人民公社，将村民集中起来，经济统一，政权延伸到村一级，从而支持工业化的发展。此阶段一直到1982年。当时总的来说是生产力不发达，农产品短缺，但增产能增收。此时期最大的特点是组织化程度高，但同时也在一定程度上限制了农民的个性、自主性、主体性。接下来改革开放和税费改革在农村产生了巨大的影响。改革开放重视了家庭的主观能动性和市场性，但忽略了农民组织的主体性和作用。这时的集体经济呈现有集体无经济的状态。2005年税费改革前，干部在征税时与农民会建立一些关系。2005年税费改革后，农民负担虽然减轻了，农村矛盾缓和了，但此前因收税建立的联系也断裂了。农民负担减轻了，但也出现了其他问题，在国家高速发展过程中，村集体的力量和性质发生转变，由最早村民自治为主要功能发展到为国家工业化、城镇化服务，直到极度减弱。这有如家庭教育一样，当父母较强权包办一切时，孩子的能力就较差，叛逆心理就较强，有矛盾不及时内部消化而寻找外部突破口。在调研中一些镇干部说，农民在马路上骑车，擦到树上，也要找政府扯皮。从而形成了大政府、小社会的格局。

　　造成以上现象的根本原因是什么呢？从国家和政府视角看，主要是在顶端设计上，将农民和城市作为二元面处理。现代化、城镇化很大程度上是以牺牲农民的利益作为代价，国家宏观上给予农民表达权利的机制和制度还不完善。同时，作为传统的村落共同体消失，其组织和保护功能缺失，作为传统内循环的社会细胞处于残破阶段，农民无法组织起来而处于零散状态。这样更容易被各个击破而丧失各方面的活力。

纵观近十年来的新农村建设，党中央提出了"生产发展、生活富裕、乡风文明、村容整洁、管理民主"的具体目标。[①] 在此目标中，其最根本的应该是加强基层组织建设。只有村级组织作为政治、经济、社会的统一共同体而有力量，村落的经济发展、社会秩序、公共品及保障才能健康发展。但近年来的新农村建设，各级政府虽然围绕以上目标做了大量工作，也投入了大量人力、物力、财

图 1-1　梁子湖区涂家垴镇深秋

---

① 　姜作培：《全面解读新农村建设"二十字"蓝图》，《中共成都市委党校学报》2006年第 3 期。

力，虽然也取得了一些成绩，但还是有很大缺憾。一种方式是让农民洗脚上楼，此种方式虽然为国家城镇建设提供了大量土地资源，但农民社会保障未跟上，洗脚上楼后怎么办？另一种方式认为新农村建设就是搞村容整治，甚至是涂脂抹粉式，此种方法虽然在形象上有一定面子，但未能改变中国农村的根本状况。还有一种是大拆大建式的新农村建设方法，这与中央提出的"让居民望得见山、看得见水、记得住乡愁"的城镇建设精神是不符的。

二、城市化进程中农村战略地位问题

从城市化和逆城市化角度来看，经过改革开放 30 多年来的快速发展，中国城市和乡村虽然取得了举世瞩目的成绩，但城市和乡村发展并不平衡，城乡差距依然很大。城市和乡村依然需要共存，继续建设好新农村更有必要，原因有以下几点。

（一）中国特色的城市化

当今，世界范围的城市化有以下几种类型。第一种是欧美日发达国家的城市化。其城市化率高，一般达到了 80%，城市市民一般都有体面的工作和收入，可以享受失业保障，大多数人有较好的医疗保障。这些国家的城市化率质量高，大多数人在城市里都能够体面地生活下来，城市和乡村都建设得很好。为什么会这样呢？因为全球化的国际分工体系中无疑存在着不平等结构。这一不平等结构的核心是发达国家掌握着核心技术、高端产业、高附加值产品，在全球性的国际竞争中，他们享有定价权和主动权。① 发达国家在长期发展中形成了极强的科技开发和技术垄断能力，从而可以垄断高附加值的产品，形成寡头的垄断经营格局，并且他们是国际规则的制定者。这些国家通过控制高附加值的产品和运用适合他们利益的国际规则，实现了高人均 GDP 的局面，并且格局的锁定有一百多年的时间，要打破并不容易。

第二种是欧美日以外的广大亚非拉国家。无论城市化率高还是不高，其城市化的质量都不高，不仅城市基础设施不好，而且进城人口很多都是在非正规部门就业，收入不稳定，生活不体面，生活质量差，社会保障严重不足，同时出现大量的贫民窟。原因在于这些国家是发展中国家，经济不发达，人均 GDP 低，且不掌握国际规则的制定权，缺乏高新技术的发展，产业大多集中在全球价值链的低端，属于世界体系的边缘国家。其低附加值的产业发展在消耗了巨大的能源、资源、环境、土地、人力等代价后，换回的是微薄的利润，形成了低利润、低收入、低税收的格局。企业利润少，就偷税漏税，减少治污成本，克扣工人工资。工人工资少，无法在城市体面生活，就只有年轻时在城市务工，年老回乡生活，无法回乡就在城市贫民窟生活。一些亚非拉国家城市贫民窟居住的人数往往占了城市人口的 1/3。国家的税收低，就无法实现全面高质量的社会保障体系覆盖，也不能实现有效的环境污染治理。

第三种是中国稳健的城市化道路。② 根据国家统计局公布的52% 的城市化率来看，我们的城市化水平已经不低。但这其实是按

---

① 凤凰财经：《论中国式城市化与现代化道路》，2014 年 3 月 4 日，见 http://finance. ifeng.com/a/20140304/11800814_0.shtml。

② 参见贺雪峰：《城市化的中国道路》，东方出版社 2014 年版，第 33 页。

人口居住地来统计的，若按户籍人口来算，中国人口的城市化率只有35%。两个数据之间的差距为17%，是因为有2.6亿农民工及其家属常年在外务工经商，而他们中的大部分并没有真正融入城市生活。这中间有一个需要注意的情况，即这些农民工极少是一次进城，而是多次在城乡之间往返：年轻时进城，年老时返乡；经济繁荣时进城，经济衰退时返乡。更需要注意的是，即使目前已经进城的农民工，他们的父母和子女依然在农村。① 这样就形成了中国进城农民和农村家乡之间的相依共存关系。这种关系为进城农民提供了进退自如的路径，当他们无法在城市体面生活安居时，他们可以选择返回农村家乡。返回家乡虽然生活不一定富裕，但农村家乡有土地，有房屋，有熟人社会，有祖祖辈辈的传统，因此，有归属感。他们返乡，可以有稳定的生活。这得益于中国特殊的制度安排：一是城乡二元结构，将原来城市吸收农村资源支持国家工业化的格局变为农民进退自如的保护型格局。二是以家庭联产承包为基础的统分结合、双层经营的中国农村基本经营制度。② 农村土地归集体所有，农户按户承包经营，有长久不变的土地承包权，有免费无偿使用的宅基地，农民可以通过土地获得生活资料，可以解决温饱问题，有宽敞的住房。这也是中国没有形成大规模城市贫民窟的原因。

农民家庭中，年轻人外出打工，老人在家务农，家庭有务农和打工两块收入。以代际分工为基础的半工半农的结构，为"中国制造"提供了大量劳动力，使中国成为名副其实的"世界工厂"。③

---

① 参见贺雪峰：《中央一号文件再解读：农业人口市民化急不得》，《现代审计与会计》2014年第7期。

② 参见冉清文：《网络时代的政府职能》，《探索与争鸣》2005年第2期。

③ 参见贺雪峰：《土地问题的事实与认识》，《中国农业大学学报（社会科学版）》2012年第29期。

因此，中国的城市化并不是在消灭农村，而是在很长一段时间要保留农村的存在，要为国家的产业结构调整、为"中国创造"赢得时间和缓冲。中国的城市化不能走激进的道路，不能通过土地流转鼓励农民进城而促使农民一次性地落入城市贫民窟中。① 中国目前农村人口有 8.8 亿左右，即使未来 30 年农村人口每年减少 1000 万，到 2035 年，中国还将有 5.8 亿农村人口要依托农村完成劳动力生产。② 未来，中国农村将起到一个社会发展"稳定器"和"蓄水池"的作用。

（二）城市化和逆城市化并存

"逆城市化"是英国人霍德华在 1898 年最早提出来的，在其专著《明天的田园城市》中提出建立一个理想的"田园城市"来提高人民的生活质量。③1976 年美国人波恩正式提出"逆城市化"的概念，其背景是当城市化发展到一定程度后，城市空间的容纳力会接近饱和而产生一系列城市病。城市这时需要分流一些产业和资源到城市边缘和一些更远的乡村地带，这种"分流"即是逆城市化。同时，一些新兴产业如乡村旅游、度假、养老等也被安排在小城镇和乡村之中。④

虽然中国与发达国家的"逆城市化"在动力、动机、出现范

---

① 参见苦茶庵：《稳健的中国城市化道路》，2014 年 7 月 25 日，见 http://www.snzg.cn/article/2014/0725/article_38865.html。
② 贺雪峰：《立足增加农民福利的新农村建设》，《学习与实践》2006 年第 2 期。
③ 参见叶雷：《逆城市化：虚设的忧虑还是美丽的转身？》，《党政论坛》2010 年第 22 期。
④ 参见王金荣：《当前我国小城镇经济发展困境及其对策探析》，《齐鲁学刊》2011 年第 3 期。

围、城市化水平、道路、结果等方面存在很大的不同，但北京、上海、江浙、广东等地城市化水平达60%，可以说已具备"逆城市化"产生的条件。①

纵观全国，几十年来的快速城市化已使一些城市产生了极其严重的城市病：城市高血压——人口过度膨胀；城市肠梗阻——交通阻塞；城市肺气肿——生态环境恶化；城市白血病——产业空心化；城市心脏病——政府过度管制；城市道德病——人文信用环境恶化；

图1-2 梁子湖区蓝莓节吸引大量游客

① 参见王小伟、朱红梅：《我国与发达国家的逆城市化现象对比分析》，《资源开发与市场》2006年第4期。

城市精神病——心理"亚健康"①……甚至出现过"逃离'北上广'"的口号，许多农民工都有从一线城市向二三线城市撤离，再向小城镇、乡村撤离的经验。

未来30年，城市化和逆城市化将处于并存状态。年轻人要进城，第一代农民工、城市退休人群要下乡；穷人要进城，富人要下乡；工作要进城，休闲要下乡。更重要的是，随着城市化水平的提高，逆城市化的趋势未来会越来越明显。如何未雨绸缪，为逆城市化的到来做准备和合理处理城市化与逆城市化并存格局下两者之间的关系，以及研究其对新农村建设的影响从而提出合理的解决方案将是有意义的课题。

（三）农村社会变迁

民政部的统计数据显示，2002年至2012年，中国自然村由360万个锐减至270万个，10年间减少了90万个。② 这无疑会给中国的未来发展带来难以预料的历史性影响。中国用全世界7%的土地养活了全世界20%的人口，中国农村以代际分工为基础的半工半农的结构③ 以及"老人农业"和"中坚农民"现象形成，一些中年人因有老人需要赡养、小孩需要照顾而从打工地返乡，租种村民土地而形成一定规模经营。

正如冯骥才长期大声呼吁的那样，传统村庄是农耕文明留给人

---

① 郭敬生：《我国农村"逆城市化"发展研究》，《农业现代化研究》2009年第1期。
② 陈文胜：《论城镇化进程中的村庄发展》，《中国农村观察》2014年第3期。
③ 贺雪峰：《土地问题的事实与认识》，2013年12月25日，见 http://www.360doc.com/relevant/498676720_more.shtml。

类的最大遗产，中华文明最遥远绵长的根就在村庄，大量重要的历史人物和历史事件都跟村庄紧密相连。传统村庄是中华民族优秀传统文化的重要载体和象征，只有建立在村庄文化基础上的区域文化、地方文化才是民族的文化。而建立在村庄文化基础上的地方文化之间的差异性，恰恰是各个地方独具竞争力的自身特色和天然优势。①

当然，不同地域地缘的村庄，应该采取不同的方法对待。处于城市边缘区的村庄，因为城市发展的需要，其资源要素特别是土地

图 1-3　涂家垴镇万秀村村民做女红

① 陈文胜：《论城镇化进程中的村庄发展》，《中国农村观察》2014 年第 3 期。

要素会变为国有，国家会将土地差价用来做好城市的基础设施建设，这也是中国城市能够得到良好发展的条件之一。这些地区村庄的发展是所在区域中心城市发展的组成部分，是所在区域城乡一体化发展的重要内容，其要么消亡，要么成为城中村。[①] 这一类村庄不是本书要研究的范畴。本书要研究的是距离城镇、距离工商业发达地区还有一定空间的传统农业地区的村庄，是城镇化、工业化辐射力和影响力能达到但影响还不是很强烈的地区的村庄，特别是那些具有良好生态环境、优美自然景色、特色民族风情即山好、水好、人好的村庄。这类村庄又分为两类。一类要继续保持稳定有序，继续为进城失败农民提供归属，作为稳定器为中国现代化过程中出现的各种经济、政治、文化危机的化解提供保障。这一类村庄要保证农民可以获得基本的生产、生活资料，要能安居乐业。国家要对这些村庄投入基本的基础设施建设，要保持农村的生产、生活秩序。另一类山好、水好、人好，有一定天然资源的村庄，除了满足以上基本需要外，同时应该满足城市化和逆城市化的需要，满足城市和乡村休闲度假的需要，满足乡村记忆的需要。对这一类村庄，新农村建设应该以激活村落活力为中心，发掘创造有特色的农村产品，做到一村一品、一村一景，即我村我素、我村我品、我村我业、我村我家、我村我根。[②]

---

① 陈文胜：《论城镇化进程中的村庄发展》，《中国农村观察》2014 年第 3 期。
② 李昌平：《再向总理说实话》，中国财富出版社 2012 年版，第 243 页。

第二章　美丽乡村建设方法探讨

　　合理的新农村建设方法是什么样的呢？在新农村建设中如何满足城市化和逆城市化过程中村民和市民的需要呢？如何实现农村作为中国特色的城市化过程中的蓄水池和稳定器的作用？如何实现农民在一定程度上增加收入，如何促使传统村落文化回归？

　　我们以为，应该在政府主导下，以农民为主体，在强调集体经济的前提下，将农民有效组织起来，以行政村为单位，以经济合作为发动机，以各级合作社作为经营单位，加入一系列制度设计，在壮大集体经济基础上，使村级组织能力加强，传统社会秩序回归，农业生产、农民生活、乡村治理、公共服务、社会保障、文化建设、自然生态环境等走向健康可持续发展之路。

一、"内生模式"新农村建设内涵

"内生性"概念最早从经济学而来，经济学家认为长期增长率是由内生因素解释的。基于此，我们提出新农村建设要以"外生性"为主导（即政府主导），向以"内生性"为基础（即以农民为主体）、"内生性"与"外生性"协调发展转变。内生性发展主要是由发展地区内部来推动和参与、充分利用发展地区自身的力量和资源、尊重自身的价值与制度而探索出适合自身的发展道路。这种发展方式，注重"以个体或群体方式独立自主解决问题而带来的自尊。而这种自尊又是由立足于本土文化传统、能够独立自主、并且找到适合自己的经营之道的组织培育出来的"。[①] 这种发展方式通过向当地居民学习来了解其发展意愿，鼓励他们对自身的困境和问题进行分析。向他们赋权，并调动本土的力量为实现他们的发展愿望而采取相应措施。

我们主要探索村落"内生性"发展动力和方法、制度安排，以期壮大农村集体经济、权力力量，提高村民地位，从而有效促进村社共同体和城乡和谐发展。

我们认为，在新农村建设过程中不能一味追求外部的投入和支持。外部投入指政策及一定的资金、智力、技术支持。外部投入不是目的，而是起到扶持作用。现在的外部投入是为以后不需要靠外部投入内部也能正常自运营这一目的而设计。

政府机构及外部社会力量在新农村建设中起到外部投入的作

---

① 邓万春：《内生或内源性发展理论》，《理论月刊》2011 年第 4 期。

用。在此之前，首先要打破原有的城乡二元结构。其次，就技术层面来说，要破解多年来各级政府与各种资本形成的复杂的关系。

随着改革开放以后家庭联产承包责任制及市场经济的运行，本来适应提取原始积累支持工业化运行的村集体组织及经济关系，因为不适应市场化而摧枯拉朽般地萎缩和消失。村集体只见集体不见经济。中央提出的壮大集体经济而采取的一系列措施，如部门和资本下乡，利用龙头企业、经济技术部门、乡镇企业等将农民组织起来，并未充分发挥期待中的引导农户进入市场并促进农户提高收入的作用，另外，就国家政策方面来说，在建设社会主义新农村过程中，不能无端忽视几千年来的中国农耕文化和乡土社会。

因此，在当今人地关系高度紧张的基本国情下，城乡二元结构在某种意义上具有了保护农民在城乡间进退自如的功能。"城市反哺农村"，国家更多让利于农民是一个基本思路。政府应该打破各利益集团凭借部门特权获取的利益格局，将农村再制度化，提高乡土社会内部处理矛盾和经济运营的自理能力，并给予农村集体各项政策、技术、资本上的支持，建立现代农业体系，发挥政府"主导"作用。

政府的宏观主导和支持并不是目的而是手段，其最终目的是要发挥农民建设新农村的"主体地位"。在新农村建设中由政府包办"外生模式"转变为以农民为主体，将农民组织起来自主运营的"内生模式"是新农村建设中的重点和难点。

新农村建设涉及政府（中央、地方、基层）、社会力量、农村中的政治经济精英以及普通农户等结构复杂的利益群体。这里说的"农民主体"是指大多数的普通农户，而不是仅指农村中的精英。该选择能真正考虑农民主体利益的普惠制道路。只有农民都富裕起来才能拉动内需，才能改变目前出口依赖型经济模式；只有广大农民个体经济消费能力提高，才能消化掉制造业过度投资造成的产能过剩。在新农村建设中，应该保护大多数农民的利益。

由于家庭联产承包责任制使农民"去组织化"，市场化带来的个人主义、利己主义的商业文化冲击乡村，弱化了农民组织的传统纽带，使农民进一步分散化。这样，造成农民自发保护、自我赋权，与市场经济接轨的保护体消失。在中国 64 万个行政村、300 多万个自然村中，延续着几千年的乡土文明，并具有极丰富的组织资源和人力资源。为了使国家稳定，小农户不能破产，故需努力提高广大农村、农民的积极性，要采取措施提高农民的主体地位，让新农村建设真正从内部发动起来，形成具有生命力、持续可行的"内生机制"。当外部力量转移时，它还能正常运营和发展，这才是最终目的，也是难点和核心问题。这同时也是新农村建设中的组织创新和制度创新。

"政府主导"和"农民主体"应该相互配合，不应该违背意愿向相反的方向发展，在新农村建设中，将财政、政策的"普惠制"与小农利益结合。农民如何能表达自己的利益诉求呢？农民只有建立自己的合作社，才可形成有力的支撑和依靠，通过组织满足社区交往的需要和生活上的需求。社区服务和社会保障通过组织可以保障其生存方式和文化伦理的延续。只有这样，我们才可以解决当下的乡村文明衰落问题。到 2035 年，还有 5.8 亿农民在农村，进城务工的农民要回乡，城里人要下乡，农村将起到一个巨大的蓄水池和稳定器的作用。

因此，只有在国家层面上关注、关心农民、农村、农业，在政策制定上工业反哺农业，城市带动农村，基础设施城乡均等化，农村分享土地增值，帮助重建有一定治理能力和治理资源的农民自主的村社一体化的集体，才能使中国社会可持续性发展。这样也才能扩大内需，才能在城市化和逆城市化并存的现实中，让农村和农业文明具有消费价值。只有建设可持续性的农村，建设城市人和农村人都喜欢居住、生活的新农村，也才能确保社会经济发展中的稳定，从而提高国家应对危机的能力。

二、湖北鄂州梁子湖区新农村建设实验

自 2013 年 9 月起，武汉科技大学叶云教授团队与华中科技大学谭刚毅教授、著名三农专家李昌平先生等专家学者在湖北鄂州市梁子湖区涂家垴镇（涂镇）万秀、张远两村试点新农村建设项目。目前，已取得一定成效。

鄂州市位于湖北省东南部、江南长江中游沿岸，是中国优秀旅游城市、湖北省历史文化名城、武汉城市圈"两型社会"建设综合配套改革示范区、武昌鱼原产基地，素有"百湖之市""鱼米之乡"等称号。

梁子湖区是鄂州市一个县级行政区，位于鄂州市南部，东与黄石市交界，南与咸宁市为邻，西与武汉市接壤，位于武汉、黄石、鄂州、咸宁四市之间，为鄂州市南大门。陆路四通八达，水陆兼备，省道铁贺线纵贯全境。东与 106 国道、京九铁路相连，往西与 107 国道、京广铁路相通，水路经 90 里长港直通长江，梁子湖大闸

图 2-1　鄂州市区位图

蟹、武昌鱼是其特产。①

　　梁子湖古代属于吴头楚尾文化区。梁子湖湖面面积位居全省第二，其景观特色是"水清""秀丽"和"奇特"（岛中有湖，湖中有岛，湖岛叠嶂；水中含山，山中含水，山中藏水）。

　　涂家垴镇（涂镇）是鄂州市地域面积最大的建制镇。全镇国土面积 161 平方公里，人口 4.5 万人，辖 27 个村委会，其东北面为梁子湖，西南面属幕阜山脉，境内森林覆盖率占 70% 以上。水面面积2000 多公顷，境内青山滴翠，湖水澄碧，果茶飘香，稻菽千垂，适宜发展生态农业、旅游观光农业。②

　　科研团队主要选择在万秀村和张远村试点建设。

---

① 参见赵强：《梁子湖湖泊类脂物前处理方法对比研究》，硕士学位论文，中国地质大学（武汉），2010 年。

② 《梁子湖涂家垴地图》，见 http://www.shrswl.com/ditucd/tujianao.html。

万秀村是省级生态村、省级宜居村庄，坐落在梁子湖畔万亩湿地旁，全村200户，700人，有7个自然湾，土地800多亩。其中熊万秀湾100多户，人口300多人，也是行政村办公所在地。在村落建设方面，万秀村总比别人先行一步。最早在推行生态村建设时，万秀村村民积极推行沼气建设和垃圾分类。全村一共建设了10多个室外厕所和沼气池，将村落的脏、乱、差做了有效治理。

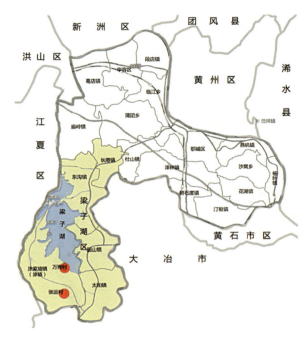

图 2-2 梁子湖区涂家垴镇万秀村、张远村区位图

张远村位于梁子湖南侧腹地，呈丘陵状景观，最早是成片的万亩松林，大炼钢铁时被砍伐一空。其下辖12个自然湾，405户，总人口1390人，土地总面积10945亩。其中，农田、耕地4870亩（蓝莓基地2000多亩），林地5075亩，水域1000亩。蓝莓基地是外来民营企业在此租地种植，每亩流转价26元/年。张远村目前有一个渔业合作社，但以个人承包水面养殖为主，养殖面积租金为每亩200元/年。

根据试点村的实际情况，我们团队确定在城市化和逆城市化并存的情况下，将建设目标定为：将农村建设得更像农村，将农村建设成具有一定文化、历史沉淀和品格的农村，建设成人们喜欢前往和居住的农村，建设成能休闲养老的农村，建设成能自由呼吸的农

图 2-3 涂家垴镇万秀村民居改造

村，建设成可持续发展的农村，村民感觉光荣和有责任感的农村，也就是"望得见山，看得见水，记得住乡愁"的农村。

根据以上目的，确定在村落建设中体现以下要求：每一个村落具有不同的品质、品格、产品，即一村一品。每一个村落具有不同的风景、景观，即一村一景。各村之间既形成互补，又形成差异化竞争。根据以上目标和要求，围绕"政府主导、村民主体""内生模式"的新农村建设理念，确定以下建设方法：以建立综合合作社为核心，其中以经济合作社为引擎，以其他专业合作社为运营单位。在此基础上，挖掘村落的人文、社会、自然特点，制定旅游产品规划，根据旅游产品规划，做好村落的整治规划，然后改造、修建村落民居和公共建筑、村落公共景观和室内。在此运作过程中，将生态、公共设施及品牌推广建设贯穿其中。

前面提到，合作社是提高农民组织能力和行动能力的重要方式。农民经济合作社是一种非常重要的合作社，但是，经济合作社只能在行政村内部熟人社会运营，不然就有非法集资嫌疑。经济合作社一定程度上会被金融经营机构和管理机构排斥，这些部门因为乡村金融业务交易管理成本过高而无法下乡为农民提供小额贷款，但其通常又站在部门利益角度上不允许经济合作社存在。政府应站在宏观立场上鼓励经济合作社的建立和存在，因为这是千千万万农村集体经济发展的发动机。合作社社员可以是老年会员、政府会员、村集体会员、社会会员、爱心会员和普通村民会员。村集体会员、政府会员、社会会员的捐存款可以不要利息，爱心会员可以三年不要利息，其他会员的存款利息可以比银行稍高。合作社社员可以以存款的 80% 为其他社员提供贷款担保。同时，村民可以以承包地入股，也可以以其作抵押贷款，也可以以"闲置房产"入股或以

"房产"抵押贷款。合作社除了存贷款收益外，还可在土地流转及房屋信贷方面获得收益。收益的一部分用来为村民分红，一部分留作村集体统一调配使用（如用来修路、修水利等）。

李昌平先生帮助村民成立了"金地融托经服社"（简称"经服社"）。除了资金，村民还可以把土地、房产都"存进"经服社，根据社员商议结果，社员存款年息6%。以存款金担保贷款并收回的可享受8%的利息，贷款6个月以内年利率18%，6个月以上的14.4%；村民以承包地入股10年以上的，每年每亩水田可获200斤籼稻、旱地130斤籼稻、林地70斤籼稻的收益，年底还可享受租金6%的利息。以土地抵押贷款的，水田每亩可贷款4000元，旱地可贷款2600元，林地可贷款1400元；村民以闲置房产入股，每年收益是房屋估值的1%—2%，也能以房产估值的50%抵押贷款和担保。[①]经服社成立后共募集资金190万元，其中，老人7.5万元，村集体30万元，政府100万元，乡建院30万元，敬老爱心社员22.5万元。此外还有3000亩土地入股，房屋抵押4户。经过一年运营，共获利18万元，老人每人存了3000元，估计人均可获利780元。第一年18万元的收益也许不算大，但增加了村两委的凝聚力，凝聚了村民力量，孝敬了老人，帮助村民发展了生产。

在合作社经营运作过程中，为了增加资金的安全性、提高老人的社会地位，通常成立老人贷收款小组。5—6个老人为一个小组，负责一定数量的贷收款。因小组对贷款村民知根知底，保证了贷款

---

① 樊殿华：《农地流转实验：资本下乡与村社互助都自认最有出路》，2014年1月17日，见 http://news.ifeng.com/shendu/nfzm/detail_2014_01/17/33105573_1.shtml。

的安全性，对恶意欠款不还者会有一定震慑作用，因为欠老人的钱不还在农村熟人社会中会被认为大不敬。这样，尊老爱幼等美德又会回来。合作社董事长不具有贷款权，只有否定贷款权，这样对存款和董事长的个人安全会有好处。

（一）经济合作社的建立程序

合作社的建立需要经过多次开会讨论，分别为合作社群众动员会、领导干部说明会、章程确定群众会、签订协议书和业务流程培训会。

合作社成立前的准备工作分别为调研、方案设计、制定章程、成立组织、登记注册、制定业务流程、制定规章制度和开张运作。

1.前期调研

调研主要是对村落人口、土地、村内经济和村民意愿展开，调查主要是为方案设计打下基础。通过调研得知，张远村经济来源主要为种植业、养殖业和外出务工收入。村中果园、蓝莓园是外来承包，租金较少。村落耕地种植情况有以下几种：一是各种各的，每家每户都在自己的土地上进行耕种；二是无偿耕种，在外务工的村民，将自家的土地交给熟悉的人打理，代理人无偿使用土地耕种农作物；三是有偿转租，将自家多余的土地租给本村村民或外来承包者，收取一定租金，但租金很少。农民种田的积极性并不高，多数是老人农业和中农农业，将土地流转统一经营是有可能的。开展农家乐也有一定基础（比如可通过举办蓝莓节吸引游客）。

2.方案设计

根据调查发现：张远村90%的土地闲置，村民外出打工者居多，

30%—40%的房屋闲置；外出务工者很多想抵押贷款，用贷款资金做生意。根据村民需求和对村内经济、资源的综合分析，初步设想以建立经济合作社为切入点的新农村建设方法。

经过讨论和风险分析，设想合作社成立后，村民依照相关规定，可将土地房屋抵押贷款或由村内统一经营。村民的土地、房产在合作社可有以下几种存贷模式：一是土地变存款获利息，假如家里有10亩地，按4000元/亩，存10年，7%的利率，村民每年可以获得2800元。二是将房屋、土地抵押贷款，将自家土地、房产抵押在合作社，申请一定金额的贷款，合作社每年年底统一收取利息。三是房屋信托经营，将村落闲置的房屋交由合作社代为保管集体经营，房屋信托时间越长，信托金越高，同时可以抵押贷款。

合作社成立后的收益来源主要有：土地收益、贷款收益、信托收益。土地收益主要是抵押土地的收益，将土地集中整理后，交由承包者统一经营，收取租金从中获利。贷款收益是借贷产生的收益，借贷的主要对象是本村村民。信托收益是指房屋统一信托经营后产生的收益。合作社主要是将土地集中、房屋集中、资源集中。收益产生的用途：一是支持农户发展；二是支持村集体发展；三是支持养老事业发展。

3. 制定章程

制定章程通常要召开群众会议，包括老人代表、干部代表、政府代表。会议主要内容是向参会者讲解合作社的功能及意义并且共同协商制定章程。实际操作中，农民参与积极性很高。

4. 成立组织

章程确立后，选出理事会、监事会人选，选举方式为自荐和推荐，最后民主投票产生单数多名理事会、监事会会员。① 参会人员在确认书上签名，组织成立。

5. 登记注册

合作社的登记注册由政府协作办理，为了顺利注册，制定了多个备选方案。方案一：协调，工商注册。方案二：重新制作一个章程，工商注册，按照已经制定的章程运行。方案三：在民政部门以协会的名义注册。

6. 制定业务流程及培训

主要包括入社流程、收款流程、股金支取（支款）、贷款（借

图 2-4　张远村村民在合作社章程上签字按手印

---

① 参见季元杰：《协商式民主与温州民间行业组织的实践》，《湖北行政学院学报》2006 年第 5 期。

款) 流程、还款流程、结息流程、其他收支款流程等。

(二) 试点村建设原则

以经济合作社为引擎的机构确定后, 围绕其周围可建立多种形式的合作社, 如旅游开发合作社、农产品加工等村集体经济组织。利润一部分发放于村民, 一部分用来开展村落公益建设事业。村集体只有有了产权、财权才有事权, 这样才能建设村社共同体, 这样才能将经济发展、社区建设、社区治理合为一体, 才能将产权、财权、事权、治权统一。当然, 在村社共同体的建设过程中, 政府应该处于主导地位, 在意识上确认建立村社共同体的必要性, 确定新农村建设为普惠制原则, 是让广大农民富起来, 而不是让少数人掠夺瓜分农村的土地、资金和资源。政府主要在政策、资金、智力采购上服务于农民。在政策上, 如在不损害农民利益的大前提下, 在帮助村集体获取正常利益情况下, 可以给予建设用地等政策支持。资金上, 为了帮助村集体经济迅速壮大, 可以给予一部分专项基金扶持。智力采购上, 政府引进外来专家、学者来出谋划策, 帮助村民做好经济建设、文化建设, 并且从事具体的村落规划、民居改造、景观设计等事务。但政府的扶持并不是代办, 而是培育村社共同体的健康成长。培育一段时间后, 应该将村社共同体的建设权交由村社集体。新农村的建设主体应该是农民, 让农民发挥主观能动性, 变输血为造血、外动为内动, 形成 "内生模式" 的新农村建设方法。[①]

---

① 闫俊萍:《论新农村建设中农民主观能动性的发挥》, 2009 年 5 月 1 日, 见 http://www.doc88.com/p-753222923378.html。

图 2-5 古树述说着村落的历史

图 2-6　涂家垴镇万秀村唱大戏

　　当然，新农村建设有自身的发展规律，不能贪求快速。集体经济的创收和管理往往与村干部的认识和能力不相匹配。村两委人员能力往往不强（最强的在外地或城市发展去了），对于新农村建设如何进行，他们往往想法不多且执行能力较差。

　　在完成村社一体化相关内在制度、机制建设的过程中，团队负责规划、民居建筑改造、景观及生态设计等任务。建设的过程本着尊重乡土特色、挖掘乡土产品、激发乡村活力三原则。

　　传统村落看似自发形成，其实，在其形成过程中有其内在固有原因，其形态和空间往往是先人精心设计的。首先，村落的形成与当地的自然条件、山地形态、水体特色息息相关。其次，村落的形成与社会结构往往紧密吻合，有特殊的地缘、血缘、业缘关系，有特殊的礼俗、规制、价值观念等社会文化和社会变迁。一个村落的特色既包括了山、水、风、石、太阳、天空、树木、空气、云彩等等物质要素，也包括材料、构造、色彩、角度、高度、形状、尺度、轮廓、强度、边界等空间要素，同时还包括禁区、故事、矛盾、传统、秩序等社会要素。因此，在新农村建设中不能砸乱一切旧秩序而建立新秩序，而是要在保持聚落机理和传统秩序的基础上，为适应新环境、新发展而适当提升品质。在此过程中，尊重乡土特色，挖掘具有个性化的乡土产品，形成适合当地发展的社会机构，从而激发乡村活力。

（三）试点村设计手法

1. 特色设计

随着城市化的高歌猛进，一些村落会自然消亡，但至少有30%的村落会保留也应该保留下来。这些村庄会实现"服务业化"，基于此，此类村庄的改造设计应该是有特色的。在全球化时代，随着信息的交流和物质材料流通的快速化，乡村的个性磨灭，形象也趋于统一。但人们需要的是有自然之美、文化之美、历史之美、艺术之美、生活之美、和谐之美的村庄。美既有共通性，但更应该有个性。每一个村庄都有自己的元素，包括山水、人、树、历史、故事、宅子、文化、物产等，即我村我素；每一个村庄都有自己的品质、品味、品格、品牌，即我村我品；每一个村庄都有自己的根，即我村我根。因此在设计中，应考虑当地的自然、历史、文化、材料，设计出富有

图2-7　用当地乡土材料修建的照壁

特色的新农村（如图2-7所示）。

2.不过度设计

新农村建设中，部分学者专家过于追求完美，过多追求传统的风格和样式，在房屋改建过程中常常将已做好的民居外墙整体外包而不考虑功能和特点，新建的房屋设计极其复杂多样，景观的设计城市化，从而耗费大量的人力和财力。我们提倡量体裁衣，一些地方精心打造，一些地方四两拨千斤，只在关键部位改造（如图2-8所示）。

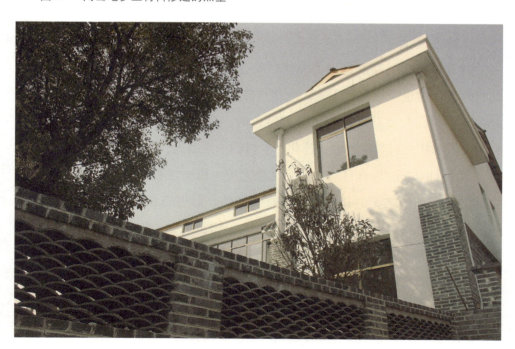

图2-8　涂镇万秀村民居改建

3.减法设计

从 2006 年中共中央提出建设社会主义新农村至今已有十来年，各地围绕于此做了不少工作，农业、水利、环保、建设、园林、文化等部门围绕自己的分管领域各自做了不少工作，但经常是分而治之。村落作为一个整体，其发展到底应该达到什么目标？农村的特色如何体现？农村人羡慕城市生活，那就将农村建设得像城市一样吗？这些都没有统一策划和准确定位以及合理安排，于是出现了长长的水泥板砌筑的河道。硬硬的石块围合而成的荷塘四周，形成一个个脸盆。道路、停车场、院落、小广场全是水泥浇灌而成。这叫大地如何呼吸？虫草如何交流？因此，应该提倡减法设计，在整体构思的情况下，该破的就破，该拆的就拆，让村落见绿，让大地呼吸，让虫草交流（如图 2-9 所示）。

图 2-9　可呼吸的墙

具体来说，在遵循一村一品、一村一景的前提下，两村的规划设计根据当地的自然、人文资源特点，以符合时代潮流和社会发展的新时期农村景观面貌和延续传统乡村文脉特色为出发点，坚持"全面发展、生态优先、合理利用、持续发展"的方针，充分体现两村在湖北省新农村建设中的示范标杆作用及对区域范围内经济、社会、文化和旅游等方面的持续推动和促进功能。在规划和实施过程中强调以下原则：生态优先原则、文化保护原则、空间组织原则、公众参与原则、产业发展原则、可持续发展原则。在规划建设过程中挖掘当地的特点，充分利用湿地、渔业、生态农业等农业资源。做好分类和深度分析，考虑四季生产变化，研究农民生活、文化和生态之关系。抓住特点和个性，做好基于农业资源的休闲活动和旅游设计。休闲度假方面，可以体验捕鱼、采摘瓜果、赏荷、戏水、野炊、自行车比赛等。湿地用以对小孩进行科普教育，产业以竹子产品及养老休闲为主，做好梁子湖旅游集散地的功能。将渔耕文化、竹文化、生态文化等融入进去，根据总体原则规划万秀八景。张远村则突出山田水林元素，营造"乡

图 2-10　万秀村局部景观

土张远、大拙至美"的氛围，突出健康、宁静、开阔、朴实、劳动之美。

在建筑改造中，不主张大拆大建。在保留村落原有肌理情况下，尽量以民居整修为主，适当增添书吧、老年人活动中心等建筑。建筑在吸收鄂东南传统风格特点基础上结合村民需要，营建新鄂南民居风格，同时，在营造中突出院落的格调。因为在旅游发展中，城里人需要、羡慕的也是农村人的院落。在建设施工中，尽量在团队的指导下，由户主自行组织农民施工，以先进带动后进，以激励竞争方式组织农户改造。

在梁子湖新农村建设运作第一年，2014 年 4 月举行了山地自行

图 2-11 万秀村村落景观

车比赛和露营活动，2014年6—8月举办了蓝莓节、采莲节活动。目前村里的农家乐一家接一家开始经营，外出打工的年轻人都陆陆续续返回家园。村落的环境也越来越好。跟以前相比，村两委有了力量，可以自主搞发展和建设了，自治主体归位了。村两委能回应村民需求，为村民服务，村民也有了主人翁的意识。孝道回来了，有了凝聚力，共同体自主性增强了。村落经济发展了，收入增加了，村民也富有起来了，社区和谐了。

第三章 乡村规划——一村一品

　　从党的十六大一直到十八大，"三农"问题一直是重中之重的战略任务，是全面建成小康社会的难点，各级政府越来越重视新农村建设。随着各地新农村建设实践工作的进行，作为新农村建设重要步骤之一的规划设计，越来越受到社会的关注。

一、乡村规划设计的"三个判断"

当前我国开展的"美丽乡村"规划建设，虽然宏观政策带来了良好的新农村建设社会气候，但现实中却是大量的村落规划不符合村落实际、忽视农民生产生活需要，规划内容超出村落发展水平，缺乏沟通与操作性，甚至有的规划是"一次性消耗"的汇报规划。针对此种情况，基于"内生模式"新农村建设理念，我们提出在进行乡村规划设计之前，首先应进行"三个判断"。

（一）乡村类型模式的判断

我国各村落经济发展水平、周边资源水平、自然气候地理环境、领导认识水平均存在差异，这些给村落规划带来了困难。一方面，由于村落数量大，政府希望规划设计能够以点带面，具有可复制性和推广性，却忽视了村落类型的差异，造成"类城市规划"的批量生产，并由此产生大量资金的浪费，甚至是对传统村落的破坏；另一方面，一些依托于良好旅游资源的村落，依靠政府和民间资金的大量投入，在大手笔的规划建设指挥下，最终开发成为具有特色的旅游项目。然而，这样具有天然旅游资源的村庄毕竟是少数，其资源特点比较独特，不具有参考性。更多的村落虽然拥有良好的生态环境，但在初始开发时期缺少国家的资金扶持，大规模的规划设计犹如纸上谈兵，规划方案只有置之高阁，不了了之。因此，对规划村庄的类型模式应该进行清晰明确的判断。

　　2014 年 2 月，农业部正式对外发布了美丽乡村建设十大模式，此次发布的十大创建模式为：产业发展型、生态保护型、城郊集约型、社会综治型、文化传承型、渔业开发型、草原牧场型、环境整治型、休闲旅游型、高效农业型[①]。这一分类为新农村建设作出了指引，能够对村落类型进行明确判断，有利于有针对性地对不同地区采取不同的规划方式进行分类指导。

　　鄂州梁子湖区万秀村是典型的生态保护型村落。生态保护型村落主要分布在生态优美、环境污染少的地区，其特点是自然条件优越，水资源和森林资源丰富，具有传统的田园风光和乡村特色，生态环境优势明显，把生态环境优势变为经济优势的潜力大，适宜发展生态旅游[②]。

　　这一类型的村落在我国占有极大的数量，本身具有得天独厚的环境优势，但劣势也很明显：这些村落一般离城市有一定的距离，交通不方便；虽然拥有美丽的田园风光和优越的自然条件，但不具有独特性，无法在短时期内形成旅游吸引力及资金吸引力；生态环境良好，但也往往意味着缺少产业优势，经济转型难；村落文化已逐渐衰败，难以寻觅当初的古村落环境与古建筑，缺少旅游资源发展的依靠。

　　"生态保护型"村落的独特条件，决定了它的规划建设必然是一个切合农村实际，系统的、全面的建设工程，并不是某一方面的单一建设。也正是基于对万秀村村落类型的判断，才能进行后续的规划工作进程。

---

① 参见中国农业部科技教育司：《中国"美丽乡村"十大创建模式》，2014 年 2 月 24 日。
② 参见中国农业部科技教育司：《中国"美丽乡村"十大创建模式》，2014 年 2 月 24 日。

（二）乡村规划视角的判断

乡村规划建设的参与者大致可分为地方政府、企业资本、村民、规划师四个多元利益主体。不同利益主体对于乡村建设规划有着不同的诉求，他们的视角直接或间接地关系着乡村规划的质量和走向①。

地方政府作为乡村规划的发起者与主导者，在乡村规划中属于强势主体地位，政府的意识极易成为乡村规划的主视角。尽管政府在乡村规划建设中应以公共利益为导向，但是在实践操作中，部分政府官员由于心态和自身视角的局限原因，更加注重经济效益和政治效益，而这种利益需求会直接影响甚至决定规划设计师的设计成果。

企业资本下乡，是通过市场运行机制对农村土地进行资本累积和再循环的过程。从企业资本的视角来看，经济利益最大化是其主要目标，其对乡村规划的规模、开发强度、经济利益等具有强势话语权。企业资本对利益最大化的追求，往往会忽略甚至损害弱势主体的利益。

在这样的多元利益主体中，村民处于相对弱势地位。在村落规划建设中，我们经常听到的一句话是"农民是很短视的"，有时这话甚至出自村民之口。对于新农村建设，不信任与不自信是村民的普遍心理。然而，随着进城务工人员的返乡和新农村建设在全国范围的展开，村庄自治的意识正逐步觉醒，村民认识到要运用村庄规划这个政策工具来维护自身合法权益。尤其是村民中的"能人"，

---

① 边防等：《新时期我国乡村规划农民公众参与模式研究》，《现代城市研究》2015年第4期。

他们对于村落的现状、困境和未来都有着清晰的认识和热切的想法，对村落的未来发展所带来的经济利益、政治利益和文化利益有着强烈的参与欲和利益诉求。他们有着与土地相融数百年的家族血脉，对祖辈生活的村落有着最细致的认识和深入的了解。村民参与乡村规划已成为村民申诉自身合法权益的重要渠道。

规划师是乡村规划建设的技术提供者，也是地方政府、外来资本、村民这三方利益主体的协调者。规划师以怎样的视角来进行设计，对乡村建设规划的设计和实施有着极为重要的影响。一方面，在国内当前的规则体系中，受雇于地方政府和资本的设计师，不可忽视这两大主体的要求。另一方面，村民作为乡村建设的主体，无可避免存在视野的局限性，但他们对乡村建设的利益需求却不可忽视。乡村归根到底还是村民的乡村，他们的真实需求才是村落空间凝聚的触媒。在乡村规划的学术研究与实践中，政府与规划设计师们也都在反思，单纯地以各种外部力量试图代替乡村内部的各种"自然"逻辑，能否真正建设好我们的美丽乡村？

在乡村规划中，选择合适的视角切入，对乡村规划的方向偏差有着尤为重要的影响。以地方政府、外来资本的外部力量来代替村落空间的逻辑，只适合少数类型的村落类型。对于大多数类型的乡村，例如"生态保护型"的万秀村，我们选择以乡村视角进行规划，即进入农村，以农民的观察、理解方式与途径，从乡村内部看村庄规划建设①。通过"驻村交流"的调查形式深入村民的日常生活，逐步培养与村民情感，激发村民的"公众参与欲"，由过去的

---

① 葛丹东等：《论乡村视角下的村庄规划技术策略与过程模式》，《城市规划》2010 年第 6 期。

"被动接受式"规划向"参与协作型"乡村规划转变，以此来保障乡村规划中村民为乡村建设的主要受益方。

（三）乡村规划核心目标的判断

美丽乡村建设的总体目标是按照生产、生活、生态和谐发展的要求，打造"生态宜居、生产高效、生活美好、人文和谐"[①]的幸福生活，简而言之，就是农民安居乐业。大致可分为产业发展、生活舒适、民生和谐、文化传承、支撑传承五大目标。这五大目标不仅包括村容村貌、基础设施建设等，还涉及其中经济产业、社会、传统文化、生态环境的协调发展。

在乡村规划中，核心目标到底是什么，必须作出清晰的判断。只有明确了目标乡村规划才会有的放矢，才能够解决乡村的实际问题。否则，极有可能成为中看不中用的"墙上规划"。核心目标的判断基于对村落类型的判断。如产业发展型、城郊集约型等类型村落，其本身的基础建设比较完善，因此其核心目标是发展产业经济，南京的高淳模式即是其中代表。而环境整治型、社会综治型村落，其规划核心目标对生活环境、居住条件等尤为看重。这些类型村落的优势条件和实际问题较为突出，大多以地方政府为主体视角，在规划中普遍比较重视居住环境的改善和产业发展。

而其他类型村落模式，如"生态保护型"的梁子湖万秀村，其核心目标应为生活舒适和文化传承。在这类村落中，产业经济发展缓慢、规模较小，人口构成基本以本村氏族为主，血缘关系浓厚，

---

① 　农业部办公厅：《农业部"美丽乡村"创建目标体系》，《农民日报》2013 年 5 月 15 日。

图 3-1　万秀荷塘

部分传统文化要素保留完整。这类村落的规划目标如照搬城郊村落
或发达地区村落的发展模式，轻生活重产业，村落规划中过多强调
产业发展，忽视村民的传统生活方式及传统文化的保留与传承，割
裂感情、道德、宗教信仰等精神联系，那么不但产业发展如空中楼
阁，村民的宁静生活也会被破坏。在万秀村现阶段规划中，应优先
改善村民生活，从居住条件、文化传承、民生和谐等方面建立村民
的生活幸福感，重拾尊老爱幼、家庭和睦的传统美德，从村落内部
团结村民，加强村民建设家乡的责任感。

　　优先改善村民生活环境、文化环境不是不发展产业经济，如果忽

视产业经济的发展，生活环境和文化道德的建设将会缺少动力激励，难以持续发展。现阶段发展生活是为了更好地进行产业经济建设。

二、乡村规划设计原则与策略

基于以上"三个判断"，"生态保护型"村落的自然条件决定了万秀村"内生"模式的建设方式，即以建设新时期农村景观面貌和延续传统乡村文脉特色为出发点，坚持"全面发展、生态优先、合理利用、持续发展"的方针，制定切实可行，能落地的村落整体规划。以村民为主体，以政府少量的前期投入为引导，通过村民自治建设及金融合作社建设，打造可持续的经济发展模式，从而进行生态聚落空间整合及保护，发展地区乡土文化，因地制宜地进行产建结合，向生态旅游型村落发展。

万秀村的整体规划设计将遵循以下几个原则与策略。

一是生态优先——保持自然生态的完整性与多样性，并建立高效的人工生态恢复系统和涵养系统。"生态保护型"村落的村域面积中，自然景观或近乎自然景观的地域面积广大，村庄的景观结构完整，类型多样，这与城市景观相较而言，有着很大的差异。因此，保存好完整的自然景观对于营造有特色的新农村有着决定意义。同时，因地制宜的增加绿色廊道和建立人工生态补偿和循环机制对于提高村庄居民生活质量、保存村落原有风貌也有着重要意义。

二是文化保护——保持传统文化的继承性。村落的文化是相对独立完整的地方特色文化，它往往反映一个村庄特定社会历史阶段的风情风貌，是现代社会认识历史发展和形成价值判断的窗口，是村落景观构成要素，也是村落产业的基础。因此，对村落文化传统进行保护是村落规划的重要原则。

三是空间组织原则——保持村落重要节点的合理性和可达性。村落空间组织主要包括村口、建筑、道路、广场、河道、农田和山林等节点，规划的合理性和可达性是村落规划的重要保障。

四是公众参与——建立村民参与规划的良好氛围。乡村规划不仅为游人提供美丽的休憩场所，更要实现村民生活条件提高，生活环境改善。为达到这一目标，村民参与是必须贯穿始终的原则，只有这样，村民才能从规划中受益，达到经济、社会、环境效益的最优化。

五是产业发展——构建产业发展与村民生活的和谐系统。发展村落产业的根本目的在于改变乡村落后的经济发展模式，调整村落产业结构，提高村民生活水平。产业发展与村民生活要实现良性互动，与村落居民生活相结合才能最大限度地利用有限的资源，不可轻生活、重产业，忽视村民生活的改善。

六是可持续发展——规划的最终目标。村落的长远发展目标是实现区域的可持续发展，近期发展目标是改变贫穷落后的面貌、改善村落人居环境。村落规划要兼顾近期发展目标与远期发展目标，实现可持续发展是村落规划的最终目标。

三、万秀村现状分析

（一）村域自然资源

万秀村整体地势北高南低，呈丘陵地貌，境内山场林地、湖

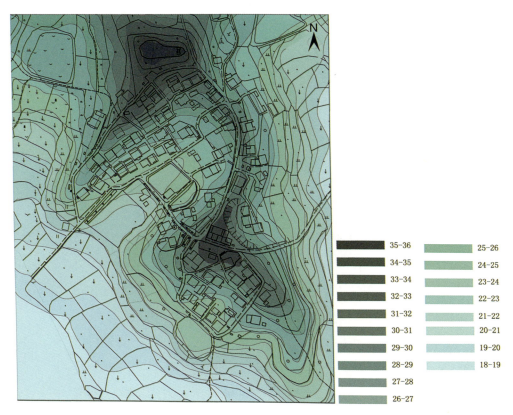

35-36	25-26
34-35	24-25
33-34	23-24
32-33	22-23
31-32	21-22
30-31	20-21
29-30	19-20
28-29	18-19
27-28	
26-27	

图 3-2　梁子湖万秀村高程分析图

泊、耕地交错，人文荟萃、环境优美，目前已被评为湖北省省级生态村、省级宜居村庄。该村北临梁子湖万秀湿地，湖岸线长 2.8 公里，拥有 3000 亩左右的万秀天然湿地，湖湾秀丽、水壤交错，有茭芦莲菱、鱼虾蛴蛤之利，更有白鹭飞天、蛙鸣鸟啾之境。

（二）产业现状

万秀村经济发展产业结构较单一。全村虽以水稻种植、水产养殖、林果种植等为主导产业，但收入不高，村民收入多依赖外出打工、经商。

（三）历史文化变革

万秀村的历史可以追溯到明朝，是由从江西西迁至鄂东南地区的熊姓族人所建。由于万秀村具有得天独厚的山水聚落景观体系及生态系统，在满足生产生活的基本需求外，方便的水陆交通也为其之后的发展提供了必要的地理条件，因此熊姓族人渡湖落户于此，逐渐生息繁衍。万秀村的正式命名一直到清康熙年间，才以一位叫"万秀"的熊姓先祖的名讳命名，明朝时的抗倭名将熊桴即出自

图 3-3　梁子湖万秀湿地

万秀。

据村里老人介绍，万秀村的聚落景观环境在当地有七星照月的福地之说：一说是随着人口的繁衍，村落开始以熊万秀湾为中心，周围逐渐发展出七个小的村湾，熊万秀湾形似一轮弯月，周围的七个村湾像七颗明星，共同形成了七星照月的福地；另一说是万秀村紧邻的梁子湖湖岸线如一弯明月，村落周边的七座小山延绵辉映，如七颗明星，形成了七星照月的自然景观，将万秀村紧紧围绕，福延绵长。对此，当地人特作一副对联，"万代继英贤敦睦遗风登大雅，秀庄留胜迹七星照月起新辉"①。

2009 年后，万秀村先后被评为湖北省省级生态村和省级宜居村，这两个荣誉在给万秀村带来发展契机的同时，随之而来的建设也将村庄的传统痕迹抹杀干净。目前村落内已全部是水泥路面和现代的二层楼房，基本已经看不到当地独有的聚落景观和地域文化特色，不能不说是一种遗憾。

（四）村落集聚形态

尽管万秀村内的建筑、道路的材质和形式都发生了较大的改变，但其传统的村落集聚形态还是很好地得以保存，其集聚形态自然散点分布于起伏的乡村聚居地。属于平原及丘陵地区典型的散点式村庄，体现了与自然和谐共生的特点。

熊万秀湾整体来看，地形外高内低、北高南低，外围从村落西

---

① 李洪江：《幸福像花儿一样》，2013 年 5 月 10 日，见 http://www.eznews.cn/info/2013/C051019961.htm。

部至东南部以半月形丘陵环绕，将熊万秀湾紧紧包裹在内，西南部的月牙缺口处是大面积的水塘，村落中心区域地势较低。虽难以比得上西递、宏村那样背山环水的绝佳风水之地，却也看出当时熊氏祖先选址的精心考虑。村落布局没有过多改变原始地形，村落北部因地形高差较大，建筑布局紧密，顺应地势；村落东部和南部的地形相对缓和，建筑间距较大，布局看起来随意性较强。这样的聚落散点分布，好似缺乏规划，却又隐隐凝聚于中心水塘这个村落中心（如图 3-4 所示）。

图 3-4 万秀村中心池塘原景

村落道路系统主要由三条主路形成。其中一条东西向、一条南北向，两条道路交会于村内的中心水塘边，人字形的道路构成了村落的内部道路系统，也强化了水塘的中心节点地位；另外还有一条外部道路环绕村落，与两条内部道路分别相交，形成村口和村委会两个副节点。村落主路以水泥路面为主，3米左右，路旁无行道树（如图 3-5 所示）。

村内建筑面貌较新，没有破旧房屋。建筑样式较雷同，和湖北地区大多现代农村的建筑样式相似，基本上是两层楼的主屋旁边搭

图 3-5　万秀村入口原景

建一栋平房作为副屋，并由此围合成一个院落。建筑结构多为砖砌，装饰形式主要有外墙瓷砖贴面、水泥抹面或者清水砖墙这三大类，二楼大多外挑以铝合金窗封闭阳台，屋顶都是斜屋顶加排水天沟。这样的建筑形式对村民来说是最经济现实的，在审美方面却要忽略很多，基本千村一面（如图3-6所示）。

图3-6　万秀村民居建筑原景

四、万秀村规划构思

针对万秀村"生态保护型"村落的现状特色和存在的问题，规划设计从环境、经济、生态、历史等多角度综合考虑，根据村落生产、生活、生态空间混合的特点，挖掘万秀村的优势资源，提出了整体规划思路，传承村落地域的传统、习惯和风俗，发展多元化产业，保护好秀美的山水田园风光，增强村庄发展的内生动力，探索适合万秀村发展的规划方法和技术规范。通过参与式规划的设计方式，制定村民看得懂、易实施的规划设计方案。

（一）功能定位

万秀村的规划功能定位于"多功能·生态——生态新农村"，以"生态湿地、自然野趣、梁子湖文化"为主题特色，集生态旅游休闲度假、湿地生态科普保护教育、产业发展、旅游集散地于一体，尤其突出生态性概念，限制大规模的人工娱乐项目，以当地环境为基础，人工构建治污系统，以达到改善环境等目的。

（二）文化融入

一方水土养一方人。万秀村地处鄂东南梁子湖畔，在世代相传的传承中，形成了具有当地特色的文化传统，这种文化传统在人居聚落中的延续是一种物质环境和精神环境的相互融和。但随着时代的发展，万秀村物质环境和精神环境均已发生较大的改变，传统文化逐渐消逝，一味强调传统文化的保护已不再有意义，即使建出仿古建筑，但忽视村民的生活需求，最终也只是不伦不类、不土不洋，逐渐流于大众化和模式化，从而迷失在新农村建设的浪潮中。

因此，对传统文化不能只是狭义的保护，而是要充分挖掘鄂东南地区文化，尊重村民生活、生产需求，利用当地景观资源，在保留本土特色的基础上，寻找古老村落与现代生活的文化交融，重拾万秀"新"记忆，铸造万秀生态旅游持续发展的文化基石。

图 3-7　"新"万秀村文化

万秀村的竹文化、渔耕文化、湿地生态文化、鄂南建筑文化相互交融发展。竹文化以村内百竹种植、竹制建筑材料及景观材料的运用、竹制器皿和竹制小品的使用为主；渔耕文化将再现当年梁子湖畔渔村生活生产的场景；湿地生态文化将着重于科普教育宣传，为游客营造一个生态环保的文化氛围；鄂南建筑文化将突出鄂南传统民居特色，对村落部分建筑进行改造，在保持传统建筑元素的基础上，结合目前村民的居住需求及经济需求，打造新鄂南民居。

这种植根于村落本身特性的"内生"文化，不是从外地生搬硬造的仿古文化，也不是政府自上而下提出的大口号，它尊重村民的生活习惯，容易引起村民的共鸣，从而得到村民的认可，并进一步调动了村民对村庄发展的积极性和对村庄的热爱。同时，这种具有地域特点的村庄文化，对游客也具有较大的识别性和吸引性。

（三）设计理念与目标

在万秀村的规划中，我们运用"水之韵、鸟之家、竹之锦、枫之语、荷之梦"五大元素营造生态万秀，打造乡村"慢"生活，重拾万秀"新"记忆。其中，生态保护与改善是万秀村规划的重中之重。

1. 水之韵

万秀村村域范围内水资源极为丰富，除紧邻梁子湖外，村内还有众多水塘。水是动植物生存的根本，水质直接决定了物种的生存及生态系统的形成，要将万秀村打造成一个优质的生态系统和景观系统，水质的改善和水元素的利用势在必行。

万秀村的水生态处理利用人工与生态相结合的模式，对场地进行系统的水环境改造。除了水质的生态处理及景观化，万秀村的水文化还要突出渔耕文化与休闲体验的结合，游客在游玩的同时寓教于乐，共同感受万秀的水韵秀美。

2.鸟之家

梁子湖湿地资源丰富，是水禽赖以生存的重要繁殖地、栖息地、越冬地迁徙途中的"中转站"。根据调查资料，梁子湖有鸟类164种。国家保护鸟类有21种，占湖北省国家重点保护鸟类80种的26.25％。其中，国家一级保护鸟类有白鹤、白头鹤、白鹳、黑鹳、丹顶鹤和大鸨6种；国家二级保护鸟类有15种；湖北省重点保护鸟类有42种。梁子湖湿地这些丰富的鸟类资源，吸引了众多的鸟类爱好者和摄影爱好者，因此，利用本地的自然湿地景观和栖息鸟群打造一系列湿地观鸟的基地和相关产业，带来的不仅是经济效益，更能塑造一个良好的品牌名片。在吸引这些爱好者的同时，观鸟还可以吸引大量的中小学生前来科普学习，带动周边产业经济效益，更能普及鸟类知识，保护鸟类。

除湿地观鸟和科普观鸟外，还会推动村庄引鸟。在万秀村中，通过安装人工鸟巢、创造适宜鸟的生活环境等方式，对村民及游客展开宣传教育，做到人鸟和谐，带来无限生机。不但湿地有鸟，村内也有鸟，由此吸引大量的观鸟、爱鸟游客。

3.竹之锦

梁子湖区涂家垴镇森林绿化资源丰富，其中有大片竹林。万秀村以竹为景，以竹为媒，以竹为材，营造出秀美的万秀乡村风光。规划将村内的原有竹林进行修整，新植竹林于村内；房前屋后树立竹篱和竹廊，丰富院落景观；运用胶合竹这一新型环保材料作为建筑主材，建造竹屋、竹塔，既能宣扬生态万秀的主题，又能原汁原味体现万秀的乡土风情；通过当地传统工艺制作的竹制器皿，将作为万秀的旅游产品开发出来，增加新的经济收入。

竹景

竹制品

竹屋

半脱锦衣犹半著，箨龙未信怯春寒

图 3-8　万秀竹景

图 3-9　万秀枫林

4. 枫之语

　　枫叶除象征坚毅外，还象征对往事的回忆、人生的沉淀、情感的永恒及岁月的轮回。对昔日的眷念恰是老年人常有的情怀。万秀村东南部的枫林除了可远眺梁子湖外，其良好的自然环境、清新的空气、悠闲的生活节奏极适合养老健康生活。因此，充分利用万秀本地的土生枫树资源打造一个具有效益和独特景观价值的养老休闲产业体系，除为当地老人带来幸福晚年，还将为当地带来新的经济增长方式。

5. 荷之梦

　　自古人们对荷花的赞美络绎不绝，万秀有丰富的荷类资源，除可开发夏日赏荷的观花旅游项目，还能将荷元素融入到休假产业的产品中，充分挖掘荷的价值。

■ 荷花元素的一些应用

图 3-10 万秀荷景

五、万秀村总体规划

对万秀村的经济、政治、文化、生态、生活等多方面作出详尽的分析，万秀村的总体规划以充分调动村庄的"内生"活力为发展准则，对万秀村空间形态、交通路线、生态环境保护和利用等作出规划设计，以加强对传统村落空间环境要素的整治为重点，构建与修复传统村落的生态体系，从而营造出一个"望得见山、看得见水、记得住乡愁"的美丽乡村。

（一）空间功能规划

万秀村是典型的散点式传统乡村空间形态，空间凝聚感不强，功能分区不清晰，一些模糊区域无人管理，景观效果较差。但大小不一、形状各异的院落空间与公共空间的整体变化却又是传统农村空间的重要特点之一，也是农村空间区别于城市空间的主要标志之一，这种灵活而无序的空间形式也是传统村落布局的活力所在。因此，如何在保持传统村落空间特点的同时，又能对这种无序的自由形式进行适当的有序整合，不致将其规划为现代城市景观，其力度控制是需要谨慎小心的。

在确立了万秀村的规划构思和发展主题后，我们对村落的空间功能进行整理，通过道路界限的分割，逐步形成了以中心景观区为村落中心空间，以村口文化景观区、中心管理区、农家乐民俗生活区为中间主体围合式发展，以次入口区、预留建筑用地区、

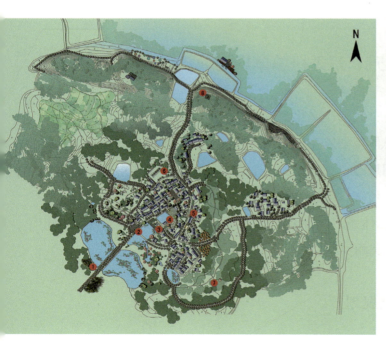

万秀八景

1. 竹深荷静

2. 长虹卧波

3. 古井悠然

4. 一叶书吧

5. 竹林人家

6. 花海融春

7. 枫林远眺

8. 梦泽飞鹭

图 3-11　万秀八景

田园观光区三个外围空间为村落边界外围延伸处理村落边界景观。这三个层次的中心发散式布局结构与城市规划相比，显得略为松散，没有太明显的分割界限，却正契合了散点式传统村庄的空间布局特点，不强求规整和一致，对村落地形改变较小，规划改造成本低，又能留有发展余地，将整个村庄及周边的自然环境融为一体，不会导致村庄发展成为城市景观。同时，三层空间体系的规划能够根据村庄生态旅游开发的需要，强化村落的固有空间肌理和形态结构特征，既能够满足游客深入体验农村生产生活的需要，还能保障村民日常生活不致过多受到旅游发展的影响，同时

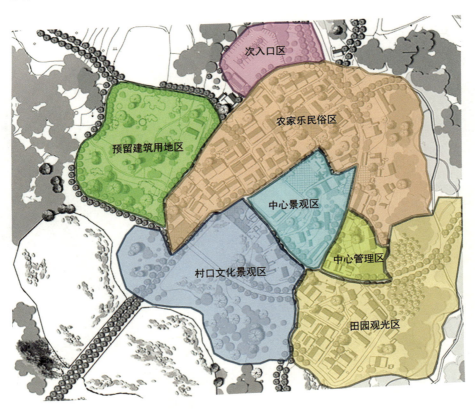

图 3-12　万秀村空间功能设计图

图 3-13　万秀村一叶书吧

图 3-14　万秀村一叶书吧

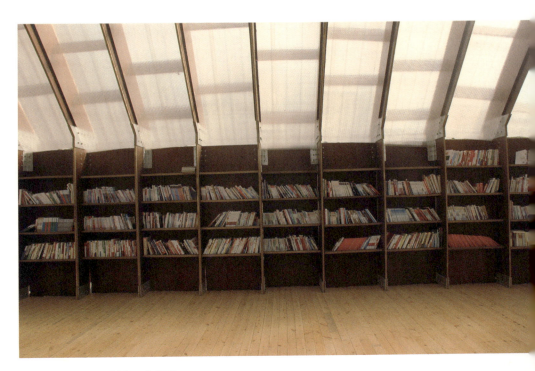

图 3-15　万秀村一叶书吧

通过外围空间的营造和整理美化村落的景观视线，强化农村的景观特色。

1. 核心空间

核心空间由中心景观区构成，区域位置处于村庄的中心。传统村庄中，水塘一般都处于村落的中心，在村落空间布局中占有重要的地位，周边往往布有重要的建筑以及空地，可供村民日常休闲交流与集会所用。因此，规划对万秀村村落中心已有的水塘通过净化水质、驳岸修砌等方式进行整理，达到美化环境的目的。另外，在池塘边临水建造一叶书吧，将作为村内重要的文化建筑，免费对村民、游客公开开放。平时可以作为村民读书学习交流的场所，还可邀请志愿者在此为村民进行卫生、科技、生产生活技术等方面的培训。在提高村民的文化素质的同时，还可作为游客休息、赏景的主要选择。池塘周边的公共坪地则进行整理和修筑，保留芭蕉林，扩大竹林，青砖铺地，布设简易座椅，平整为村内的主要公共空间，供村民茶余饭后拉扯家常、游客休憩所用。

2. 中层空间

中层空间主要由村口文化景观区、中心管理区、农家乐民俗生活区三个环绕中心景观区的空间区域构成。

（1）村口文化景观区。村口是村落与外界交通连接的主要场所，是村民外出、聊天的重要公共空间，也是游客进入村庄的第一印象。在中国的传统乡村中，村口一般都种有一两棵老树甚至是古树，在建筑技术和经济状况有限的时代，大多村落缺少高层建筑物或构筑物，姿态优美、身姿高大的老树往往成为村落的标志物。村民在老树下驻足交谈、儿童在老树下玩耍、离别的亲人在村口老树下道别、来访者和外出多年的游子将老树作为标识物，随着时间的

图 3-16 古井悠然

图 3-17 万寿戏台

图 3-18　看戏

推移，这些老树往往承载着村落独有的一种记忆和文化的延续，是村民对聚居地空间心理认同和价值归属的载体。

　　万秀村村口的空间处理，将着重于营造公共空间，营造传统村落的文化氛围。在村庄入口处设置村口标识，对村口原有荷塘进行整理，种植竹林。村内修建生态竹廊，改建古井，保留百年大桑树，增加村民健身设施等，与原有的小游园和湿地处理池相连，共同营造出长虹卧波、古井悠然、生态游园等公共空间。在村口两边，改建原有戏台，新建祠堂等文化建筑，游客进入村内后能明显感受到浓厚的传统文化、村落文化和生态文化氛围。

　　（2）中心管理区。中心管理区主要是对现有的村委会、村民活动室、小卖部、卫生所、公共卫生间、宣传栏等建筑和场地进行整

图 3-19　污水处理池

图 3-20　入口游园

图 3-21　村委会

合和改建，将原本较为分散的功能设施通过相似的建筑风格和景观材料等方式整合到一起，为村庄的管理、商业、卫生、宣传等提供更好的设施和便利。

（3）农家乐民俗生活区。农家乐民俗生活区是目前熊万秀湾民居建筑较为密集的区域，对有热情发展农家乐的居民建筑进行改建，突出鄂东南地区的民居建筑特色。对街巷、公共绿地等进行整治，运用农村乡土材料，体现乡村的街巷空间特色。在改善村民生活环境的同时，又便于游客深入体验农村民俗生活。

这三个区域的空间划分，能较好解决游客的游览、村民的生活交流、村庄自身的管理等各方面功能的关系。通过村落公共空间、邻里空间、文化空间的强调与重建，强化聚居形态的空间结构并加以活化，利于村落发展。

图 3-22 民居

3. 外围空间

外围空间主要由次入口区、预留建筑用地区、田园观光区三个空间区域组成。农村的外围空间与城市相比有很大的不同，特别是生态保护型村落的外围边界自然环境特征更为明显和丰富。在万秀村，居民聚居区的边界有大片的树林、山丘、荷塘、农田、菜地。这里硬质景观逐步减少，民宅建筑也变得稀疏、分散，自然植被逐渐茂盛，村落居民聚居区与周边的自然环境相互渗透与穿插，其间的变化尤为丰富。而且，村落外围的农林水域等空间自然开敞，与封闭的、内向型的城市空间相比，其外向性和开阔性是其特有的景观现象，也是农村人引以为豪的和城市人最感兴趣的空间感受。因此，在万秀村的规划发展过程中，充分利用这些边界景观是强化村庄特色的重要因素。

图 3-23　田园民居

（二）交通规划

万秀村目前都是水泥道路，交通方便，能够满足村民的出行交往要求。这些道路大多是在原有道路的基础上升级或由村民自建而成，保留了原有村落道路的肌理脉络，为保留村庄乡土特色提供了良好的基础。但是，万秀村的现有道路还存在一些问题。一是村内现有3条主路都只有3米宽，虽可满足行车要求，但错车有困难，而且其中两条直通村中心，一些过境车辆穿村而过，游客一旦增多，不但会引起交通堵塞，还会影响村民的安全和村庄的宁静。二是主路路面材料过于单一，都是硬质化的水泥，道路两边的绿化植物较少，道路景观性弱。三是道路周边无排水沟，主要依靠地面自然排水。四是村内巷道目前也都是硬化的水泥铺就，缺少传统村落巷道的韵味。五是村内车辆停放混乱，大多停放于村委会门前的篮球场内或村口大桑树下，侵占了公共活动空间，也影响了村内景观。

基于现状，万秀村的交通规划着重于以下几个方面。一是在村域范围内对道路分级管理，村庄内部以后减少车辆进入。在村庄外围的预留建筑区和次入口区分别设置一个主停车场和一个次停车场，游客车辆和部分村民生活车辆、农用车辆将停放在外。扩宽绕村主道，成为外部车行道，引导过境车辆通行，避免影响村庄内部安全和宁静。二是将村内的两条主路营造为村内步行主道，增加路边绿化植物，在民居建筑与道路之间将采用竹、木、石材、青砖、瓦等乡土材料，树立低矮的院墙、篱笆、围栏等，增加道路的景观丰富性和层次性。三是对村庄内部的巷道进行改造与提升，采用青石、青砖、碎石等材料进行铺砌，还原传统村落的街巷空间，再现沧桑岁月的记忆。四是在道路边设置排水沟，采用低影响开发的植草沟设计，减少改造成本，将雨水引入湿地污水处理池，再排入水塘作为景观用水。五是从村东北部至东南部，在树林中以防腐木材或石材增设一条林间步道，为游客提供一条游览步行道。六是在扩宽绕村公路的同时，增设自行车道，为今后开展自行车骑行活动提供一条适合道路。

通过这些道路规划与改造措施，强化村庄的地域特色，改善村

图 3-24　村落道路原状

图 3-25　村景

图 3-26 沿湖车道

图 3-27 入村道路

民的生产生活环境。

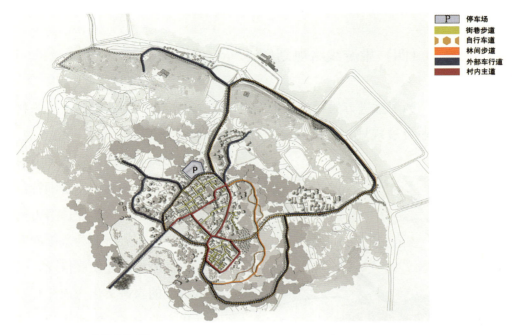

	停车场
	街巷步道
	自行车道
	林间步道
	外部车行道
	村内主道

图 3-28 道路规划图

（三）景观节点规划

对万秀村景观体系的营造，一方面要保障村民的生活习惯不受影响，另一方面还需要完善村落的景观系统。需要对原有的节点进行保留和调整，对过于破碎的景观如村口景观进行整合，在保持万秀独有的乡村风光基础上，还将着力营造"竹深荷静、长虹卧波、古井悠然、接秀草堂、竹林人家、花海融春、枫林远眺、梦泽飞鹭"万秀八景。以现有村内两条步行主路为两条景观主轴，绕村公路连通林间步道和周边乡村道路形成一道外部环形景观次轴，村内步道和巷道连接形成一道内部环形次轴，另着重营造两个入口次节点和其余几个景观次节点，从而完整重构万秀村的景观体系。

（四）旅游线路规划

为了推进万秀村的"生态经济"工程，我们团队编制了万秀村产业发展规划，着重发展万秀村乡村旅游业。利用万秀湿地景观、田园风光、山水资源和乡村文化，发展具有梁子湖特色的乡村休闲旅游业，努力构建以休闲旅游业为基础的乡村休闲旅游业发展格局，以传统的农耕文化为依托开发出农业观光、农事体验、特色农庄、农情民舍等附加值高的乡村旅游项目。从而促进农民创业就业，增加农民收入，构建高效的农村生态产业体系。

根据万秀村的地域环境及文化特色，万秀村主要规划了三条旅游线路（见图3-30），即以村落中心区域为主的生态文化景观线路和民俗文化景观线路，以万秀

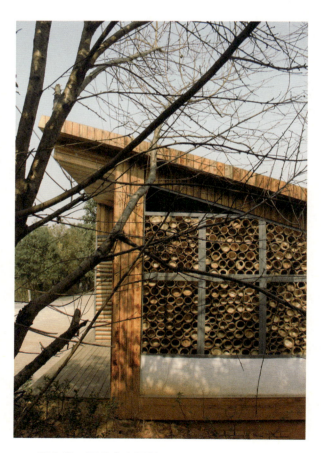

图3-29 万秀生态厕所

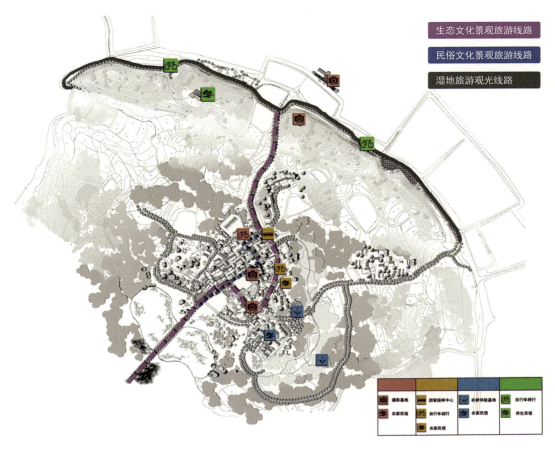

生态文化景观旅游线路

民俗文化景观旅游线路

湿地旅游观光线路

图 3-30　旅游线图规划图

湿地为引导、围绕村域范围的湿地旅游观光线路。

（五）生态功能规划

通过详细的调研与分析，从生态功能角度规划，将万秀村分为生态改造区、生态体验展示区、生态保护区以及生态修复区。

生态改造区对细新屋熊湾居民居住区和熊万秀湾的部分居民居住区进行合理改造，通过植草种树、开辟排水沟等方式对区域内的生态环境进行改造，创造舒适的居住场所。

生态体验展示区着重于中心景观区、农家乐民俗生活区、生态体验区几个区域，通过民居生态技术、生态材料、湿地污水处理、植物种植、生态厕所等设计方法，将乡土的生态向游客展示，让游客体会到低技术低成本的生态处理方法所带来的生态魅力。

生态保护区是主要村庄居住区外围的大片林地、水塘、农田等，保护区域内生态环境，维持生态平衡，同时加强农田林地的保护。

生态修复区坚持生态修复为主，人工种植处理为辅的方法，对村口景观和预留建筑用地景观进行生态复原，重现万秀村的特色生态景观。

（六）植被规划

万秀村整体规划以突出"秀"为主，在进行植被规划的时候大量采用竹类植物、农作物以及草本花卉，杜绝使用在城市景观中大量可见的规整式绿篱和修剪整形植物，营造独特的竹文化景观与乡土特色。坚持系统保护原则，主要保护并利用好村落现存植被，特别是成片的枫树林、荷花塘以及村落中现存较大的植物，对已经种植的植物进行合理的利用，塑造其鲜明的景观面貌。坚持生物多样性与稳定性原则。坚持景观性原则，根据村落整体规划的不同分区，对各分区内的植物景观尽量体现一区一景。

乡村在某种程度上是"慢生活"的代表，而正是这种慢才形成了自然与人类和谐生存的村庄聚居形式。村落作为一种基本的聚落形式，共同协作生产生活是一个很重要的特点。新农村建设必须依靠居民这一生活者参与规划。万秀村"内生模式"规划通过"三个判断"明确村落规划的主要视角和核心目标，强调村民参与村庄建设与规划过程的重要性，通过当地政府主导形成有效的控制，设计师提供技术进行协调和帮助，促进村民主体自我分析与思考，根据村落的实际建设情况作出建设规划并进行实际建设。

在万秀村长达两年的规划建设过程中，尽管存在有不足，但万秀村村委、村民共同体的自主性随着项目建设过程逐步强化，参与村落建设的责任感、自豪感和归属感明显增强，不少外出打工的村民回到家中创业致富，村落逐渐发展成可持续的、能够安居乐业的理想人居聚落。

第四章　民居改造——一村一韵

　　在当今广大农村前赴后继的"造房运动"中，传统民居由于建筑形式和空间功能的局限性已经逐渐被大量涌现的"现代民居"所取代。它们的凌乱无序、建筑美学的萎缩贫乏、浅层次的工业化，常常为建筑学者所不屑一顾，以致这个时期最真实的文化"文本"却成了一个研究的盲点。

　　这种专业人士与朴实农民在对住房形式的认识上的巨大差异引起了我们设计团队的兴趣。随着鄂州市梁子湖区涂家垴镇的万秀村、张远村的村落改造项目的进行，我们团队对村内多栋建筑进行了细致的调研，按照"有机更新"和"社区参与"的思路，结合两村各自的总体规划，借鉴鄂东南传统民居中的建筑手法，结合各户自身的自然环境及经济条件，对两个自然村的民居进行了改造。

一、鄂东南传统建筑的特点

梁子湖区地处鄂东南，此地既有起伏连绵的山岭，亦有丰富蜿蜒的水系。丰富的水上交通为历史时期的鄂东南地区的商品交换带来了便利，明清时期大规模的移民迁入带来了不同的文化和技术，孕育了这里厚重的民间文化和乡土环境，为该地区形成多种不同地域民居建筑提供了最基本的物质条件。

鄂东南传统村落以宗族血缘型聚落为主，多数为早年从江西移民而来的家族定居发展而成，如万秀村为熊氏家族村落、张远村以张姓家族为主。移民会对移入地的社会和文化产生直接的作用，建筑技术的传承就是其中的一条重要文化路线，主要表现在村落布局的模拟、地景的比拟和一些建筑的遗风上。这里的民居一般倚山面水或背山临田，其庭院结构多是以天井为中心的内向封闭式组合院落，屋宇相连，平面延轴线对称布置，整体格局与江西、皖南的民居有很多共同点。民居随着时间推移和人口的增长，单元还可以增加，这符合大家族聚居的习俗。以空间的区位差异也能区分人群的等级关系，其反映了宗族合居中尊卑、男女、长幼的封建礼制秩序。民宅前后空间也塑造了住屋渐进的层次。入口门廊和首进庭院是最具公共性的部分，向内逐渐进入半公共性区域，最后是私密性最强的各个卧房。

（一）民居建筑的特点

"天井"是鄂东南传统民居里最基本的空间组织方式，狭窄、

图 4-1　传统民居中的天井

简单，在整幢居屋的围合结构中唯独它一无遮掩，却形离势合，将宅子的其他部分有机地联为一体。它虚实相生，藏风聚气，吐旧纳新，让居者在简朴、幽雅、和谐的生活氛围中充分享受大自然赐予的风、光、水、气。小小天井的布局，不管是空间层次、开窗组织，还是视线安排，都充分显示了我们的先人"天人合一"、顺应自然的人生观。

　　住宅一般采用"三间制"的形制，且多为现代乡村住宅所采用。厅堂位于中轴线上，主厅位于建筑的中心，用来供奉先祖神明和举行仪式，是家族的世俗性与祭祀的神圣性并存的场所。中轴线两侧对称布局的房屋，依其与厅堂的相对位置而显出不同的重要性，以安排居住尊卑长幼、亲疏不同的成员。

　　鄂东南典型民居多为两层。上层为阁楼，层高较低，通常不作为居住空间，而作为储存空间，同时阁楼在屋面与地面层之间形成的夹层空间具有通风隔热效果①。

　　槽门是鄂东南地区民居主入口常采用的一种形式。槽门一般设于当心间的中轴线上，并向内退进一段距离而形成。通常退进约1.5—3米不等。这种入口退步的做法，自然形成一间高大的入口门廊，成为居民进出家门十分便利的过渡空间。门洞口多用上好的石料镶砌成"石库门"，石过梁上和门头转角常常雕刻有装饰纹样；而无论宅第规模大小，门头上方必定有一处以砖砌叠涩或彩墨线镶边的牌匾样白底方框，上书"声震荆南""棠棣永茂"等字样，以示屋主地位身份②。槽门的檐下部分也是装饰的重点，一般设一道横置的梁枋

图 4-2　三间制的平面布局

①　参见李晓峰、谭刚毅：《两湖民居》，中国建筑工业出版社 2009 年版。

②　参见叶云：《鄂东南传统民居聚落生态文化探析——以湖北省通山县闯王镇芭蕉湾为例》，《中南民族大学学报（人文社会科学版）》2009 年第 7 期。

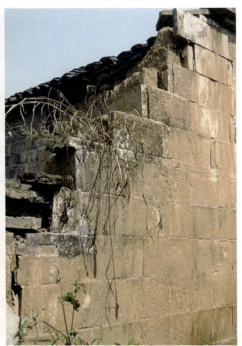

图 4-3 空斗砖墙

以承载外挑的屋檐，称"看梁"，而檐下则常以曲面的拱轩作装饰。

　　建筑的外墙一般以石基清水砖墙或空斗墙为主。墙体近檐口处以叠涩处理，退进的入口开间常以白灰粉刷。墙檐常以水墨彩绘勾勒或以灰塑装饰，为青灰色墙面镶上一道白底彩绘的轮廓，增加了建筑的神采。

（二）祠堂

　　鄂东南传统村落多为聚族而居的血缘型聚落。祠堂成为村落的形态格局的主要控制要素。作为村落或组团最重要的也是最高级别的建筑，祠堂往往坐落于村落最佳风水吉地。祠堂在外观上明显突出于其他房舍。除了建筑体量比较高大外，入口立面、山墙的处理都有其独特之美。最具特点的是那极富动态气势如游龙般的高高的云墙，当地人称"衮龙脊"，在整个村落中尤为突出。

从功能上看，祠堂建筑既是礼仪教化场所，又是村中居民的娱乐中心。祠堂最主要的功能是祭祀。因此，为祭祀仪式而设置的一系列精细的陈设，如祭台香案、牌匾等，以及享堂、鼓乐楼等中轴对称的布局，突显出肃穆的礼仪氛围。而与之对比鲜明的第一进院落，却是一个相对世俗化的空间，通常是村民集会和举行庆宴的场所。鄂东南许多祠堂均在前院中设戏台。大型祠堂在这个院落两侧

图4-4　阳新县玉块村李氏宗祠

还设置敞廊、酒厅。祠堂在这部分显然兼具活动中心的功能。

（三）牌坊屋

牌坊屋是鄂东南地区现存的一类特殊形制的建筑，其特点是牌

图 4-5　通山唐家垄牌坊屋

坊与房屋组合为一体。鄂东南牌坊屋是一种可用来遮风避雨的房屋，兼具住屋功能以及纪念和教化意义。一般在建筑主入口利用牌坊的构架，按牌坊的规格建造，在立面上增添装饰性构造，如增加牌匾和横枋，使层数增高等，使房屋主立面保持牌坊的精美和纪念性。牌坊屋结合建筑墙体建造，无须高规格石材，仅需砖砌即可，是一种相对节约的灵活建造方式。

二、梁子湖区涂家垴镇现有民居特点及问题

（一）现有民居建筑的特点

张远村和万秀村的建筑由于规划建设不统一，各家各户自行修建住房。因经济、个人喜好等各种因素的影响，现有的民居样式各不相同，质量参差不齐。有近年新建的二层民宅，也有20世纪中叶修建的一层民房，少量留存的夯土住宅大多已荒废。

两村的新式民居建筑形式受到传统鄂东南地区民居样式的影响，大多中轴对称，有"一明两暗三开间""一步退金"式的三间房。厅堂居中，两侧设置卧室，二层布局基本和一层一样。楼梯这一新增的建筑元素布置在建筑的后侧。厨房和厕所大多设置在主体建筑外面，单独建造一个偏屋，少数家庭在民居内布置卫生间，以缓解冬天洗澡如厕的不方便。

建筑立面材料多使用清水砖墙，并在正立面铺贴白色瓷砖。屋面选用防水效果较好的红色陶土瓦；二层阳台上方出于遮阳及挡雨的需要大多预留挑檐，这也使民居的入口处形成了一个过渡空间。

图 4-6　张远村典型民居

（二）民居建造中存在的问题

当地村民的自建民居大多不邀请专业人士进行设计。住房的平、立面形式的确定多参考"其他人家的设计"或采取"习惯做法"。房主的选择可以主导民宅建造的全过程。房屋格局与形式的选择是房主自身经济条件、当地习惯和居住方式价值取向的真实反映①。这些大量涌现的自建房大多是方正敦实的砖混营建体系的自建房，配以大的木或铝合金框玻璃窗。我们团队通过调研，发现这样在目前的农村住宅更新中大量的涌现的住宅形式存在着一些缺点。

---

① 参见周晓红：《农村村民自建房形式研究——"平""坡"之争》，《建筑学报》2010年第 8 期。

1. 功能布局

新式民居大多采用"三间制"，主要的功能用房都向居中的堂屋开门，导致隐私性较差。卫生间及厨房大多单独安排在主屋以外，导致使用上的诸多不便。

重建筑而轻庭院也是当地民居建造时常出现的情况，导致庭院较小、功能混乱、杂草丛生而荒废。

2. 缺少传统文化元素

现代的营造手法、工业化的建筑材料以及审美倾向的变化等因素导致了当地的地域习俗和传统建筑文化正逐步消失，建筑失去了原有的文化内涵，都是"千篇一律"的低层建筑。

3. 侵占公共用地

农民自建房功能布局、材料、通风、排水等缺乏科学考虑和统筹安排，大而不当，因此大多数住宅占地面积超过规定标准，建筑容积率过低，侵占了村内的大量公共用地，导致村内道路狭窄，人们公共交往空间减少。

4. 攀比风严重

建房对于农村家庭来说是件大事，有了钱，就想把房子建得漂亮、阔气些，这样既可以改善自己的居住条件，还可以显得有面子。房子问题已经成为许多婚姻无法跨越的障碍，农村家庭的孩子到了谈婚论嫁的年龄，必须有房子才能娶上媳妇。

盖房的时候，不少人不是从实际需要出发设计房屋的面积、高度、布局，而是和左邻右舍攀比，比谁的房盖得高、盖得大、盖得气派。建房费用少则十几万元，多则几十万元，许多家庭都是省吃俭用，倾其所有用于盖房。一些经济条件较差的为了脸面也不愿盖得太不像样，只好举债建房。

千辛万苦盖好后，挺宽敞的房子有的只住了一两个老人和孩子，不少房间空着没人住，只是扔些杂物。更有甚者，房盖好后长时间闲置，举债建房后又常年外出务工，致使整幢楼房成为黑灯楼。这样不但荒芜了大量良田好地，更使辛苦赚来的"血汗钱"变成"死钱"，形成了更严重的浪费。

5. 建筑质量差

随着农村自建房的增多，自建房质量问题呈上升趋势。很多民房无设计图纸就展开施工，而且是简单的模仿和复制，这使得一些不好的建造习惯传播开来，比如：有的房屋建好后不久，墙体就出现裂缝；施工队缺乏安全设施；农民防震意识普遍薄弱，建房时几乎无抗震措施。

6. 热工性能不佳

由于农民缺乏对建筑热工性能的必要认识，新房子在用材及构造上不合理，使得整体的热工性能下降，新房变得"夏热冬冷"。农民的直观感受是不如老房子舒服，即舒适度下降。

三、民居改造模式分析

（一）农村民居建设的背景

党的十八届五中全会作出了走中国特色新型城镇化道路的重大决定，提出了实施以"积极推进以人为核心的新型城镇化"为内容的新农村建设战略。我国正处于社会转型期，建设社会主义新农村是我国现代化进程中的重大历史任务，是实现全面建成小康社会目标的必然要求。而以改善农民人居环境为主要内容的民居建设是美丽乡村建设的重要基础和载体。因此，农村的民居建设是统筹城乡发展的内在要求，是改善农民居住现状的客观需求，也是农民自身追求幸福生活的主观需求。

（二）农村民居改造的模式

为加快统筹城乡发展，推进城镇化进程，各地探索各种模式推进农村新民居建设和旧民居改造。目前已经形成了几种具有湖北特色的新民居建设模式。

1.原址改造模式

原址改造模式是指具有一定规模且现有居住环境较好的村落，利用外来资本或政府拨款，按照统一规划、统一配套、统一样式、统一标准、统一招标、统一建设的要求进行村落整体更新的模式。这样的改造模式大多出现在国道或省道附近的村落中，改造资金按照村里的农户数平均分配，分摊到每户的资金往往十分有限。因此，大多只对建筑沿街的立面进行翻新，而且也多是以徽派民居风格为主，比如"马头墙""外墙刷白、一白遮百丑"。

这种模式虽然能够在短时间内改善村落的整体面貌，但是如果相关的规划设计、基础设施、制度和机制上的保障等没有跟上，数年之后整个村落随着建筑外立面的老化又会回到改造之前的面貌。

2.搬迁重建模式

对于改建难度大、村庄规模小、人口少、用地大、基础设施落后、零散分布的村落，由于受地形限制或有新的开发需求，需迁出原址，由政府主导向邻近基础较好、规模较大、具有区位优势的乡镇搬迁。原有的村庄用地还耕或退耕还林。这种模式必须有步骤有计划地对新址进行可行性分析和居住环境设计，制定完善的搬迁规划，解决搬迁动员、新村筹建、生产发展、居民生活、配套设施等具体问题。这种模式大多数情况下有利于解决"空心村"问题，有利于解决村庄分散、耕地浪费严重、基础设施建设成本过高等问题。另外，从韩国"新村运动"及日本"并村运动"的经验来看，农村人口的相对集中和乡村的适当合并对于公共财政资源的有效配置和公共财政覆盖农村也是非常有利的。

但在当今社会，土地对于农民仍有着极其重要的生存意义，"故土难离"仍然是说服村民搬迁的最大阻碍。同时，农民经过几辈人的积蓄才有了稳定的住所，解决温饱没多长时间，通过打工等才刚有点钱，农村人才慢慢开始消费，买家电，买车，注重生活质量。但是在搬迁过程中，农民的原有住宅折价往往不值楼房的价格，所以"洗脚上楼"后的农民又要花大价钱购买新的住房。这样农民手里也就没钱了，生活质量又下来了，很多农民也就只剩下楼了。可怜的是现在的孩子们，父母为了挣钱，大都离开农村外出到繁华的大城市打工，留下老人孩子和外表巍峨的楼房。如此，又形成了新的空心村。

3. 村企共建模式

村企共建模式就是针对那些不具备区位优势和项目建设之机的乡村，通过挖掘社会资本，依托村里有实力的个人或企业，发挥企业地缘优势，由有实力的企业投资，村企合作建设新民居，并利用节约的用地进行企业建设，实现村庄的整体更新和企业拓展空间互惠互赢的目的。这种模式最大的特点是村庄住宅建设用地要较原来大为节省，但村庄住宅建设的进度可能会受到企业资金注入快慢、多少的影响，同时企业的意志注入会对原有村庄的权利结构带来很大的冲击。因此，在改建之初就要对土地置换、房屋评估、制度建设等问题进行完善的准备①。

可以看出，以上几种改造模式都有利有弊。农村面貌改造，让乡村面貌美丽起来，绝不是简单粗暴地推倒重建，更不是华而不实地"涂脂抹粉"。对于我们正在改造的万秀和张远两村，我们仔细研究了各种不同改造模式的特点，并结合国内外成功的改造案例，提出了"内生模式"指导下的民居建筑改造方法。

四、"内生模式"指导下的民居建筑改造方法

（一）当地的建筑材料和传统的建筑工艺

传统材料赋予建筑以大地的豪情、历史的沧桑、生命的活力和人性的温暖，是许多现代材料无法企及的。另外，还具有与周围环境协调，易于使用传统工艺和雇佣当地的工匠等优势。因此，在两村的民居改造中，我们坚持使用当地传统的建筑材料，并结合两村各自的特点进行设计。青砖是当地建房最常见的材料，砌筑也是当地工匠最熟练的建造方式，因此，在外墙的处理上采用了顺砌、三斗一眠等工艺，并利用青砖的不同叠砌方式获得了很多不同的立面效果。同时，我们也在与当地农民交流的过程中获得很多适用于当

---

① 参见康爱容、康嘉：《我国农村新民居建设的模式探讨》，《甘肃建筑科学》2010 年第 6 期。

地民居改造的新方法。比如在改造万秀一号院的时候，我们开始选用的外墙材料是湖南生产的传统青砖，每块砖算上运费接近 1.5 元一块，整个建筑外墙的装饰一共要使用 13000 多块，虽然清水砖墙砌好以后非常漂亮，但高昂的材料费用使户主大呼吃不消。为此，我们团队的负责人叶云教授将传统民居建造中大量使用的青砖的改良作为急需解决的一个设计难题，展开了大量的研究工作。其间走访了周边大大小小的十几处砖厂，与技术工人和专家做了大量的技术尝试。最终找到了一种新的材料配比，从而研制出一种适于在传统民居建造中大面积推广的新式青砖，不仅外观上与传统青砖一致，而且各项理化指标也优于传统青砖，关键是价格还十分便宜，一块新式青砖的价格仅有原来的 40%—50%。随即我们在万秀一号院改造中改用新式青砖，为户主节省了 9000 多元的建造开支，整个村落改造中节省的建筑材料开支累计达到 12 万元。如果这项技术能够大面积推广，将对美丽乡村建设有着不可估量的意义。

毛石干垒是建造挡土墙的通常做法，我们将它也利用起来，或平铺于地面，或砌筑于外墙上，或与青砖并置也获得了很好的肌理对比。村里有年代的老房子大多采用小青瓦来铺设屋面，但是以前的屋面由于防水工艺不到位或是小青瓦的质量不过关，总是存在漏雨的问题，现在新建的民居多使用红色的机制瓦来替代。但是为了获得鄂东南传统民居那种青砖白墙黛瓦的效果，我们选择了一种新的屋面建造工艺，在保证屋面达到Ⅲ级防水等级要求的同时，配合质量更可靠的小青瓦，完美地解决了漏雨问题。同时，可以在屋脊上利用小青瓦叠砌出飞檐和宝顶；在屋檐做出滴水和勾头，使改造后的民居更有传统民居的韵味。

早年夯土筑屋在鄂东南地区农村是非常普及的一种建造工艺。

传统的夯土建造工艺可以追溯到殷商时代，距今已有三四千年的历史。北宋匠作少监李诫编修的《营造法式》一书就系统总结了当时夯土版筑技术的成就。福建土楼把中国传统的夯土施工技术推向了顶峰。夯土建筑具有建造成本低，热工性能突出，对工人建造技术要求不高，建筑时间短等优点。在张远村和万秀村中现存有大量的夯土民居，大多修建于 20 世纪中期。经过多年的风吹雨淋，大部分都出现了结构性的破损，现在已经荒废或仅仅用来饲养家畜、堆放杂物。为了使这一传统建造工艺能够继承，在此基础上，结合张远村柯五包的整体建筑风格，我们改造设计了一栋民居。虽然在建造过程中遇到了各种各样的阻力，但相信随着旅游的进一步开发，村民眼界的提高，这种建筑形式一定能被当地的村民所接受。

（二）公众参与式的营造方式

"不是帮他们盖房子，而是教他们盖房子"是我们在民居改造中一直秉承的宗旨。在每个民居的设计过程中我们一直遵循着公众参与式的营造方式。万秀村在进行建筑改造活动前，村里的房子要么拆了重建，要么废弃不管，农民们对于房屋建设都有自己的理解。我们在民居的改造中充分发挥农民的主观能动性，让他们参与从设计到施工的每一个环节。在中国的传统村落中，房屋的建造一直采用自给自足的方式。但随着现代建筑的营建体系走向专业分工与高度资本密集化，并朝向集约式与专业化发展，经济上处于弱势的农民无法自主建屋。我们运用传统"帮工"造屋方式，将建造工作从专业施工队手中"夺回"，由村民自行组织，使用低于市场的成本完成民居的建造。即以"工"为计算单位，让这些建设与主流建筑施工市场隔开。另外，环境保护的观念也透过居民的参与在建造中加以实践，每一位参与者都亲身实践、体验可持续建筑的观念。

在设计上按照"重庭院、轻建筑"的原则，我们尽量保留原有住宅建筑，控制建筑垃圾的产生，减少对周围环境的污染，将打造的重点放在民居周围的小环境的营造上。这样既容易出效果，同时还可以降低改建的资金投入。在住宅的立面改造中，我们团队尽量使用村民所熟悉的材料和工艺，降低建造的难度。在这一过程中，生产设备被加以简化，建房所需的劳动力也可以通过换工的方式完成。

（三）传统的建筑语汇

在"一村一品，一村一景"的规划设计思想指导下，我们在对鄂东南传统民居建筑样式的搜集与整理中，逐渐找准了两村民居的各自定位。在万秀村的民居改造设计中，我们突出一个"秀"字。采用传统的清水砖墙，白色墙面与深色的小青瓦屋面共同构成了一幅清新秀美、层次丰富的江南传统民居样式。而在张远村，由于村落整体景观呈现一种粗犷、浑厚的气质，因此在整体规划中提出了"大拙至美"的理念。体现在民居改造上，我们突出了一个"拙"字，利用鄂东南民居中常见的墀头、砖雕、石库门、牌坊屋等建筑装饰符号，经过提炼与融合，形成了既稳重古朴而又不失活力的张远村独特的民居建筑样式。

我们在两村的民居改造具体过程中，为了突出"集生态旅游休闲度假、湿地生态科普保护教育、产业发展、旅游集散地于一体"这样一个大的规划目标，除了注重建筑立面形式的改造外，还将大量的精力放在房前屋后的环境的营造。经过调研，我们发现最能吸引和调动游客兴趣的除了美丽的乡村环境，独特韵味的新鄂东南民居前后的院子是游客停留最多的地方。这些庭院中树大荫浓，随意散布着农村特有的石磨、水槽、水缸等物件，人们在院子里或观景、或拍照、或坐下来品尝一杯当地的新茶，都能给厌倦了城市喧嚣忙碌生活的人们带来一幅清新、朴素的田园生活图景。

（四）生态技术的引入

万秀村是"省级生态文明村"，几年前环保、生态的观念就已经融入了每个一个村民的生活。卫生保洁、垃圾处理、沼气池、太阳能集热等生态手段也已经被村民们所熟知。在这次的新农村民居更新改造过程中，我们同样注重生态技术的引入。

地方材料的巧妙运用既能减少建造过程中的劳动量，节约运输成本，同时还可以形成具有地域特色的建筑风格和文化。如万秀1号院加建的偏屋就在一层厨房部分使用了从邻村收来的老砖，二楼茶舍使用了当地的毛竹，经过防腐处理后作为墙体的围合。

（五）室内功能的更新

"三间制"的建筑格局直接决定了大多数民居室内的布局大同小异，即厅堂居于中轴线上，两侧是卧室或客房，楼梯安排在建筑的后方。这样的布局虽然在采光和通风方面都有一定的优势，但私密性不强，而且在一层没有空余的房间作为餐厅使用。改造中，我们按照"农家乐"的经营需求，重新调整了室内各个房间的功能，将一层的卧室改造成餐厅，二层作为主人卧室或客房。在房屋结构允许的条件下，尽量在一层和二层各增加一个卫生间，以满足生活和营业的需要。我们在设计中，为偏房或主入口增建了装饰性的门廊或披檐，使室内和室外的庭院之间形成一个过渡空间，同时也丰富了外立面的层次，突出了主入口的位置。

五、建筑改造案例

（一）民居改造案例

1.万秀村丹桂院（一号院）

一号院的改建可谓是好事多磨。最初，从哪一家开始设计这个

图 4-7　万秀一号院设计效果图

问题，就经历了很长时间的协商。在村民这里，一方面他们对我们设计团队不熟悉，另一方面又担心村干部所承诺的补贴资金不能及时到位。而在设计师这里，我们对于将要改建的民居的建筑样式、周边环境以及户主的经济能力、审美取向等方面也有比较高的要求。经过多次与村干部协商，最终选定熊某的家作为第一个试点。户主经济条件较好，房子的格局比较典型，建造时间大约是 20 世纪 90 年代初，算是村里最早一代的新房子。其为两层坡顶的砖房，正立面的外墙贴白色瓷砖，主楼边上还有一个沿街的偏屋作为厨房和餐厅。室外有一个 320 平方米的院子，院子里有棵很大的枫杨树。这样的房子，建筑形式是现代的，但布局延续了传统的方式，说明户主有向现代生活方式过渡的需求。

　　户主在设计之初就提出了自己的想法：第一，想把作为餐厅的偏屋改造成经营农家乐的场所，原有的餐厅太小了，同时开门的方向也不利于对外营业；第二，建筑的外观没有特色，对游客的吸引力不够；第三，室外庭院中种植的蔬菜，平时管理较少，所以显得比较杂乱，同时室外的活动空间也很有限。

　　我们考虑户主的需要，并结合自己的经验，最终拿出了一个带有庭院并具有鄂州传统民居韵味的设计方案。但是，城里人眼中的乡土建筑，或者说，城里人对"乡土建筑"的需求与农民生活在"乡土建筑"中的感受并不一致。专业人士与非专业人士对"新"与"旧"、"美"与"丑"的认识也存在差异；现代生活和农村传统的生产、生活方式之间的矛盾，并不是非此即彼。图纸拿出来后，村民和户主都提出了很多自己的看法。但是一味否定村民的主意不仅不能说服他们，过于强势的态度和太多专业的术语反而会让沟通中出现的分歧更加激化。随后，经过很多次的沟通，我们发现要在其中寻找到一个共识和重合区域，要使用更加通俗的语言来摆道理，要设身处地为农民考虑问题。这个图纸在功能和细节上几经修改，最终得到了业主、村委以及梁子湖区领导的一致认可。

在最终的设计方案中，我们对房子从功能到形式都做了很大的调整，在功能上能够适应现代化的生活方式的同时，外观上又能体现出传统民居的乡土气息。

第一，外墙的装饰。一号院房子的外墙正立面原本贴满了白色的瓷砖，如果将来要对外做生意，立面上的风格要有特色，这里的传统气息就很重要。我们想用青砖作为一层外墙的装饰，户主不同意，觉得青砖造价太高，工人费用也高，不划算，想用仿古青砖贴片来代替。针对户主提出的问题，我们团队经过几个月的攻关，终于研制出一种更加经济的仿古青砖。同时，又说服了户主，我们研制的青砖价格和贴片差不多，但是更加漂亮，比瓷片更加古朴大气，房子看起来也更加结实。之后制作了效果图给户主看，他也觉得真是漂亮了。于是我们采用传统三斗一眠的砌筑方式装饰建筑的外墙一层，并在屋面的檐口处使用老青瓦叠砌出一道深色的压顶，还原了中国南方常见的白墙、青砖与黛瓦相衬的传统民居样式。

第二，重新修建大门。在中国人的传统观念里，大门是一户人家的脸面，也是一个房屋的中心。我们借用了传统"蛮子门"的造型，在原有的大门外增加了门斗和门廊，并用防腐木格栅装饰楼梯间外的墙面，使原本平淡的正立面有了色彩和明暗的变化，显得朴实而大气。

第三，餐厅与茶舍。房舍中原有的厨房，由于面积和位置不合适，在与户主协商后决定将其拆除并重新设计。我们使用从附近收集到的老砖重新建造了一个厨房，并在厨房的二层设计了一间

"竹"茶室。竹屋的主体结构采用钢结构，竹子在这里仅仅作为分隔空间的手段和不同界面的二层表皮。这座"竹子"建筑不仅创造了"实体"的形状，缝隙间洒落的光影更是将韵律感赋予了整个室内空间，整个空间变得灵动起来。

作为万秀村的第一户试点，十几万元的改造费用完成了建筑结构、功能改善和庭院景观的重建。刚开始营业就获得了游客的喜爱。户主也认同我们的设计，认为可以落地。其他村民们也积极请我们做设计。像一号院这样的房子在村子里有极好的示范价值，一个试点成功了，后续的建设活动就容易开展了。

图 4-8　万秀一号院原始照片

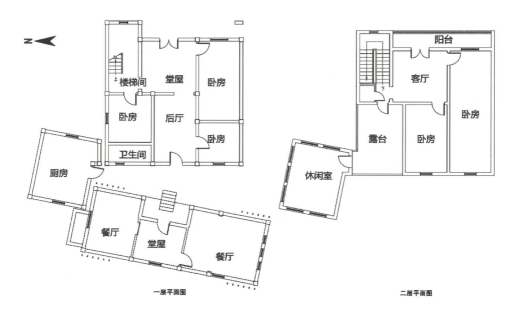

图 4-9 万秀一号建筑平面图

图 4-10 万秀一号建筑立面图

图 4-11　万秀一号院改建后的照片

图 4-12　万秀一号院改建后的照片

图 4-13　万秀一号院改建后的照片

2.万秀村叠秀院（二号院）

二号院位于万秀村的入口处，是一进村子就能看得到的房子，所处的位置十分关键，因此也是我们这次改建的重点。户主夫妻俩常年在外打工，两位老人和年幼的小孩在家居住，这是当今中国农村居民生活非常典型的一个缩影。房子是一栋三开间的二层民居，正立面贴着白色瓷砖，入口处过大的柱廊使整个建筑的比例有些失调。在改造中，我们沿用万秀一号院的外立面处理手法，在正立面入口外增加了门廊，并利用叠瓦和青砖装饰原本过大的柱廊，使整个建筑的比例更加协调。同时，将主屋背后的偏屋拆除并重建，增加了餐厅和卫生间，使整个民居的使用功能更趋合理。

二号院的改建，虽然功能和整体风格与我们最初的设计相差不大，但在一些局部的处理上，我们的意见与户主有很大分歧。我们想将二层檐口处的红色琉璃瓦换成小青瓦屋面，使整个村落在颜色上能够更加传统和统一。但是户主当初是花了大价钱购买的琉璃

图4-14 万秀二号院原始照片

图 4-15　万秀二号院改造效果图

图 4-16　万秀二号院改造效果图

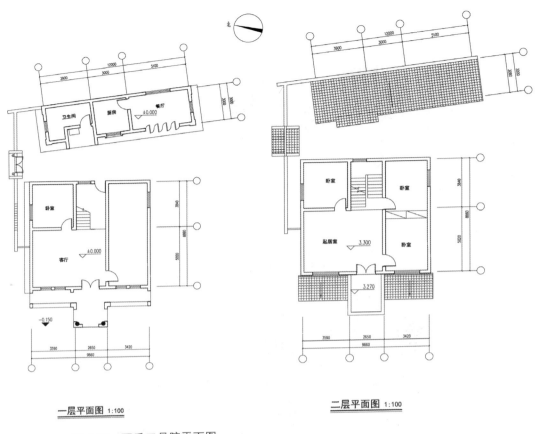

一层平面图 1:100

二层平面图 1:100

图 4-17　万秀二号院平面图

瓦，而且也觉得琉璃瓦更好看一些，同时怕拆除屋檐后影响房屋结构和屋顶防水，坚决不同意。我们多次劝说都没能打动户主，最终也只能求同存异了。类似这样的问题在后面的民居改造中几乎每个星期都会出现，我们团队的设计师都非常耐心地与村民们沟通，村子也在我们与村民的博弈中一天天发生着变化。在2014年暑期当地一年一度的"蓝莓节"期间，二号院的农家乐开张了。二号院凭借着优越的地段和古朴恬静庭院，农家乐生意也是越来越红火，两位老人只好把在城里打工的儿子和媳妇叫回来一起打理。

3.万秀村三号院

万秀村三号院的户主是村干部，是整个村落中面积较大的一

图4-18 万乔二号院立面图

图4-19 万乔二号院改造完成照片

图4-20　万秀二号院改造完成照片

户，用地面积约有 900 平方米，位于村落次入口附近，紧邻规划中的停车场与村民活动广场，地段优势十分明显。因此，在规划中将该民居定位为高档休闲住宿区，将其作为村落入口处标志性建筑来打造。我们保留了南边的主屋并对外立面进行修缮。同时在北面原有的庭院中，重新设计了 3 栋建筑，分别承担住宿、餐饮和厨房功能，并与原有的主屋形成一个内聚式庭院。建筑形式参考了传统民居中"一颗印"的做法，各栋建筑的屋面均向中间的庭院倾斜，形成"四水归堂"的格局，错落有致的山墙与粉墙黛瓦相映衬。

　　方案效果图很漂亮，但实际施工时有很多改动：原本设计的是带有徽派建筑特点的马头墙造型，但施工改成了普通的双坡山墙；原本两层的主体建筑，改成了三层；主楼两侧的偏屋由一层改成了两层；屋顶的造型由向中心庭院倾斜的单坡斜屋顶改成了双坡屋顶。虽然在最后建成的民居中还能看到些许"内聚式"格局的痕迹，却比方案设计之初要大大减弱了，建筑在细节上的把握也未尽善尽美。但令人意外的是，户主对最后的建筑非常满意，他觉得通过改建，在原有的宅基地上获得如此多使用面积是十分划算的事情。这也反映了村民在改建房屋时一个最根本的诉求：尽量多增加住宅的使用面积。但过多的建筑势必压缩村庄中的公共活动空间和绿地面积，对整个村子的居住质量以及未来的发展都是非常不利的。因

图4-21　万寿三号院原始照片

图 4-22　万秀三号院改造设计效果图

图 4-23　万秀三号院改造完成照片

图 4-24　万秀三号院改造完成照片

此，在后面的设计中我们更加注重控制新建建筑的数量和面积。

4.万秀村四号院

　　该房的户主一直从事建筑行业，之前也参与了一号院和二号院的改造工作，对于接下来自己房子的设计十分有主见。他希望将现有的厨房和偏屋都拆除，在厨房原址上加盖一个更大的厨房，并重新盖一栋偏屋用于接待游客住宿。这个设计方案由于新建建筑面积太大，占去了太多庭院，被当地政府和村区委否定了。户主为此十分不满，与村里一直僵持不下。我们团队在听取了两方的意见后，对方案作出了调整：将厨房与后面的偏屋合并，并在用来做厨房的位置设计了一个半开敞的廊架。这样既不增加建筑面积，又兼顾了使用功能，最终方案得以实施。改造后的四号院既精致又舒适，半开敞的木廊通透、凉爽，在这里吃饭喝茶十分惬意。特别是院子中间有一棵造型独特的枯树，枯树成为整个庭院的视觉中心，借助地形而层层升高的庭院也透露出设计师的独具匠心。现在四号院已经成为村里最热门的农家乐。

图 4-25　万秀四号院原始照片

图 4-26　万秀四号院改造设计效果图

图 4-27　万秀四号院改造完成照片

图 4-28　万秀四号院改造完成照片

图 4-29 万秀四号院改造完成照片

5.万秀九号院

万秀九号院紧邻一号院，是一栋两开间的二层民居。在改造中，我们沿用万秀一号院的建筑处理手法，在正立面入口处增加了门廊，并增设柱廊，利用小青瓦和青砖装饰，使整个建筑的比例更加协调。同时，将主屋旁边的偏屋拆除重建，增加了餐厅、卫生间

图 4-30　万秀九号院原始照片

图 4-31 万秀九号院改造设计效果图

图 4-32 万秀九号院改造完成照片

图4-33　万秀九号院改造完成照片

和客房，使整个民居的使用功能更趋合理。

6. 张远村一号院

　　张远村一号院位于张远村村口，原有的建筑是"新式民居"的典型代表。张远村整体规划风格较为朴拙，在建筑中为了很好地体现这一特色，大量使用了青砖材料，将原有建筑立面上的白色瓷砖、灰色的水泥抹灰墙面都用120毫米厚的青砖加以覆盖，并利用不同的砌筑方式来突出门斗、窗洞。建筑大门处参考了湖北传统民居中的牌坊屋的做法，辅以砖雕和檐口的装饰，丰富了原本十分平淡的立面。

图 4-34　张远一号院改造设计效果图

7. 张远村二号院

　　该民宅为典型的"三间式"二层建筑，前后都有庭院。正面的庭院连着一个面积较大的公共场地，并与其他的几间民居一起形成了一个组团，通过整体的打造可以形成非常丰富的乡村庭院景观。在设计中，我们有机地运用传统中式建筑的立面造型语汇马头墙、

图 4-35　张远二号院改造设计效果图

墀头、抬梁形式的木构架、石库门等，依托原生的乡村景观营造出通透明亮、古韵悠长、步移景随的新鄂州民居。

8. 柯五包一号院

柯五包湾属于张远村境内的自然村，村域面积不大，依山傍水，环境十分幽静闲适。我们希望将柯五包打造成展示及养老休闲为一体的高档接待中心。柯五包一号院由两栋建筑组成，一栋为一层青砖砌筑结构，另一栋为传统土坯结构，土坯房由于年代较长，已经损毁。为了保留原有村落自然原始的风貌，我们在设计中没有对青砖建筑做过多改动，只是对其进行修缮和清理。而倒塌的另一栋建筑，我们采用当地传统的夯土工艺来进行建造。

图 4-36 夯土建筑

图 4-37 柯五包一号院现状

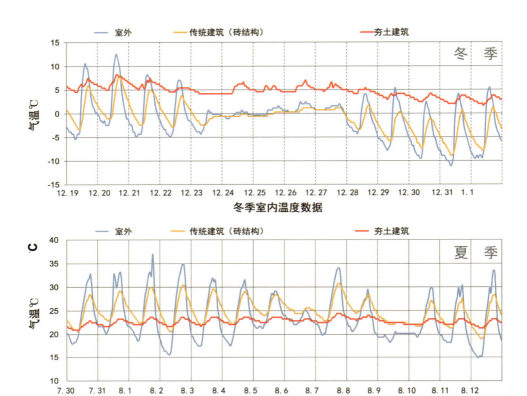

图 4-38　夯土建筑冬夏热工性能模拟

图 4-39　柯五包一号院改造设计效果图

夯土技术具有悠久的历史。早在秦汉时期人们就掌握了非常成熟的夯土技术。但现在人们对夯土建筑一直持保留态度，认为泥土是不够"现代"的建筑材料，十几年前刚刚从土坯房里搬出来，住进宽敞明亮的砖混民宅，现在又要搬回去是不能接受的，同时对其清洁和耐久性也持以怀疑。事实上，夯土墙有许多优点。夯土墙的主要用料是泥土，可就地取材、重复利用且成本低廉；由于其物化能低，有非常显著的生态性能；夯土墙还具有很好的蓄热性能，用夯土墙作围护结构，能起到"冬暖夏凉"的效果，降低能耗；夯土墙无毒无污染，有益人体健康。

夯土墙厚重的墙体具有优越的储热能力，朝向较好且有窗孔的建筑在冬季白天获得太阳能，并将热量储存在墙体中，到夜间通过辐射提高室内温度，减少燃烧化石能源的消耗。夏天，如果建筑的遮阳设备和通风措施做得好，墙体能吸收多余的热量，帮助维持室

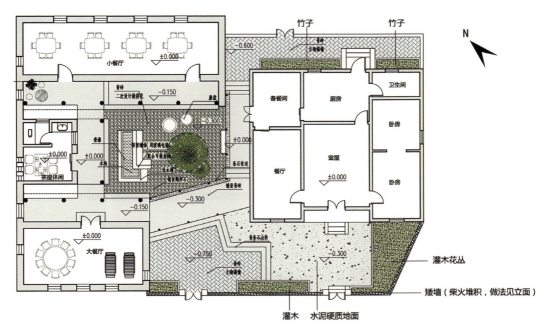

图 4-40　柯五包一号院平面图

内凉爽的温度，也就减少了人为制冷的需要。在一些地区，如果设计做得好，夯土建筑比传统木框架填充墙建筑节能约80%[1]。

我们希望通过这次的建造实践，能够让村民和游客认识并接受这种传统而又现代的建造工艺，并激发大家对其进行更深入的思考和研究。

9. 柯五包二号院

民宅户主是柯五包湾的组长，对这次的村落更新改造有非常高的积极性，但家里经济条件一般。因此，在他家的改造中我们使用

图 4-41　柯五包一号院立面图

---

[1]　参见许丽萍：《夯土墙在新的乡土生态建筑中的应用——浙江安吉生态屋夯土墙营造方法解析》，《四川建筑科学研究》2007 年第 6 期。

图 4-42 柯五包二号院原始照片

图 4-43 柯五包二号院改造设计效果图

了一种特别的方法。他家的房子是一栋二层的"现代民居"，但外墙没有粉刷装饰，还保留着红砖的立面。我们将青砖按照一定的参数叠砌来装饰建筑的外立面，把原有建筑的红砖通过预留的砖缝透出来。这样整个建筑既保留了原有的面貌，又能与村内其他青砖房保持统一性，同时还使建造所需的材料降低了近一半，最终获得了户主的认可。

（二）公共建筑改造案例

1. 万秀村戏台

湖北戏曲源远流长，宋时就产生了戏文，明、清时期又以汉剧最具代表性。戏曲的演出场所——戏台建筑，在湖北地区曾经遍布各个乡镇。万秀村的戏台位于村子入口，是几年前新建的。建筑本

图 4-44　万秀村戏台改造效果图

身采用了蓝色的琉璃瓦和彩绘装饰，但整体缺少细节。我们对原有的戏台进行了改造设计，设计中采用大气优美的衮龙脊加以装饰，并在原来面对村口的戏台外加建了一个门廊，使其更加符合鄂东南传统建筑的两进式的传统格局。但实际施工时发现，原有的戏台距离马路太近，如果加建会使村口比较拥挤。因此最终的设计取消了加建的部分，只是对原有戏台进行了局部改建。现在戏台已经成为村民文化活动不可或缺的场所，每到戏班来演出，全村老少都会聚集到戏台前面看戏，形成了万秀村一道别样的风景。

图 4-45　万秀村戏台完成照片

图 4-46　阳新县玉塅村李氏宗祠衮龙脊

图 4-47　万秀村宗祠改造效果图

戏台前面的挡土墙设计成了一面景墙，用青砖和小青瓦砌筑而成的两条青龙盘桓其上，再在墙上用青砖镶嵌出"福禄寿喜"几个字，吸引了不少游客在这里驻足留影。

2. 万秀村祠堂

村里原有的祠堂位于村口的池塘边上，位置虽然十分优越，但建筑本身乏善可陈。通过与村里多次协商，我们决定将祠堂拆除，在原地建造"一叶书吧"，并在村口的戏台对面修建一座新的祠堂。新祠堂的面积接近原来的两倍，可以将祭祀、宴会、会议等功能都包含在内。建筑采用湖北传统建筑的格局，衮龙脊、天井、墀头、

图4-48　万秀村宗祠改造完成照片

槽门、木雕、石雕等元素都出现在祠堂中，并与池塘对面的戏台形成呼应。

3.万秀村村委会

村委会是整个村落改造的重点，建筑本身的功能已十分完善。因此，设计时采用了相对简单的红砖与毛石干垒相结合的装饰形式，与村内改造民居的装饰手法既有联系，在颜色上又有区分。整个改造工程施工时间短，造价经济，但改造效果却十分显著。

图4-49 万秀村委会原始照片

图 4-50　万秀村委会立面图

图 4-51　万秀村委会改造设计效果图

图 4-52　万秀村村委会改造后照片

图 4-53　万秀村村委会改造后照片

图 4-54　万秀村村委会改造后照片

4. 一叶书吧

新材料、新技术历来是建筑发展的原动力之一，近年来，随着材料技术、参数化技术的飞速发展，高技乡土已经成为地域性建筑设计中的一种发展趋势。它们一方面可以从建筑形式上保持现代主义相对严整、简洁的特征，另一方面又试图以高新技术抽象地提示地方文化，增强人们的认同感。

在万秀村书吧的建造过程中，我们就尝试了这种参数化的设计手法。在村内原祠堂的基址上，我们以"树叶"的形象为原型设计了"一叶书吧"。建筑的外形先在电脑中使用犀牛（RHINO）建模，

图 4-55　万秀村书吧设计效果图

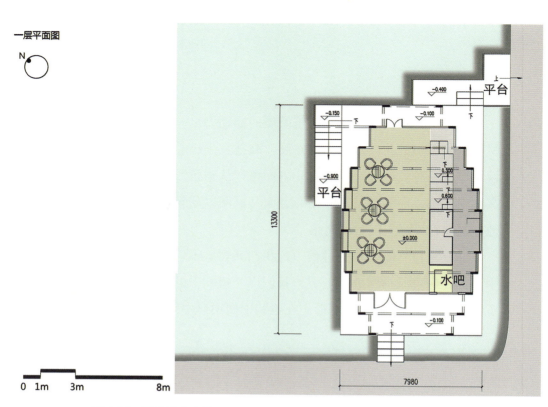

N

13300

7980

−0.150

−0.900

平台

−0.400

平台

−0.100

0.300

0.600

±0.000

水吧

−0.100

0 1m   3m   8m

图 4-56   万秀村书吧平面图

图 4-57   万秀村书吧室内效果图

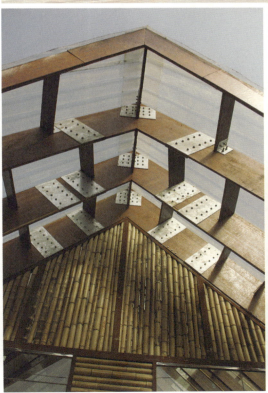

图4-58　万秀村书吧改造后照片

制作出效果图，而后再将模型导入绘图软件中制作施工图。建筑整体由 30 毫米厚的合成竹板装配而成，建造所用到的竹板由工厂按照图纸直接激光切割成型，竹板之间由金属构件连接，建造所花费的费用和时间得以大大的缩短。现在一叶书吧已经建成并投入使用，在当地村民眼中其新颖的造型可能还很难以接受，但相信随着新农村建设的发展和人们认识水平的提高，这种高技乡土建筑会越来越多出现在人们的视野中。

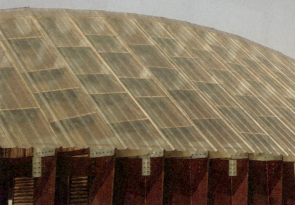

图 4-59　万秀村书吧改造后照片

5. 张远村村委会

张远村村委会的建筑形式在整个梁子湖区比较具有代表性，正房加两侧的耳房形成了一个相对围合的院落。随着"老年人协会""妇女协会""经济合作社"等职能的加入，原有村委会的使用面积已经不能满足这些功能，改扩建迫在眉睫。

结合原有建筑结构和周边的地形，最终我们的设计选择在原有

图 4-60 张远村村委会原始照片

图 4-61 张院村村委会改造设计效果图

图 4-62　张远村村委会改造完成照片

一层的村委会建筑的基础上加建一层，并在耳房的两侧各加建一栋二层的建筑。原有的建筑格局保持不变，在入口处以马头墙的形式演化成整个建筑的入口。建筑整体采用青砖砌筑，与周围的环境完美地融合。

6.生态厕所

在整个梁子湖区村落环境整治项目中，厕所的改造是重点。两村中原有的厕所都修建于道路两侧，均为旱厕，既不卫生，也不生态环保。村民和游客使用极为不便。在万秀村的厕所设计中，我们引入了许多生态技术手段，比如利用生态湿地处理排泄物、利用太阳能光伏板解决照明问题、雨水二次利用等。我们使用当地较为常见的青砖和竹子来建造，倾斜的屋面与地形相互呼应，新颖的造型和干净卫生的环境给使用者留下了深刻的印象。

图 4-63　万秀村生态厕所设计效果图

图 4-64　万秀村生态厕所

7.张远村蓝莓园观光塔

张远村蓝莓园始建于 2009 年，蓝莓种植面积 4000 余亩，每年
7 月初蓝莓节期间都会有大量游客来此采摘、游玩。在园内的制高
点上有一栋白色建筑，原作为堆放农用器械及员工休息的场所，建
筑年代比较久远，外观陈旧，且内部功能也不能满足游客和园区的
需要。因此，根据业主的需要，我们对其进行了改造设计：增加了
休息、展示、餐饮、观光等功能，建筑外立面采用红砖装饰，局部
使用毛石干垒，使建筑与周围的环境融合在一起；采用竹子建造休

图 4-65 张远村蓝莓园观光塔现状

息区的廊架，为游客提供了一个舒适的休息空间；将原有两层建筑的顶层加高半层，并将建筑顶部改造成观景平台，使游客可以总览蓝莓园的美丽全景。

图 4-66　张远村蓝莓园观光塔改造效果图

8.张远村百年老宅改造

张远村柯五包湾现存的老建筑很多，我们选择了其中比较有代表性的一栋百年老宅进行改造。原建筑以居住功能为主，但由于长期空置，已经出现了严重破损。按照规划，该建筑改造之后将作为柯五包湾农业及传统建筑工艺展览馆来使用。在改造设计之初，当地提出要按照"整旧如旧"的原则进行设计。但经过我们的研究和思考，觉得仅仅这样做也许还不够。从"整旧如新"到"整旧如旧"，是文化遗址和文物建筑保护的一大进步。但"如旧"又带来另一方面的后果，人造的"旧"本身就是一种假古董，既有可能破坏原貌，又有可能对老建筑本身造成危害。所以国际公认的原则（即"威尼斯宪章"的原则）是"留白"，就是要使任何修补、增加、替换部分与原物有明显的区别，并且控制在最低限度。"留白"的结果是"整旧如故"，遗址和建筑的外貌基本不变，必要的修补和维护毫无遮掩。这一原则已经被越来越多的国家和专家所接受，并越来越普遍地运用于实际。

因此，在改造设计中我们对整个民居秉承"整旧如故，以存其

图4-67 张远村百年老宅原始照片

图 4-68　张远村百年老宅改造效果图

图 4-69　张远村百年老宅原始照片

图 4-70　张远村百年老宅改造效果图

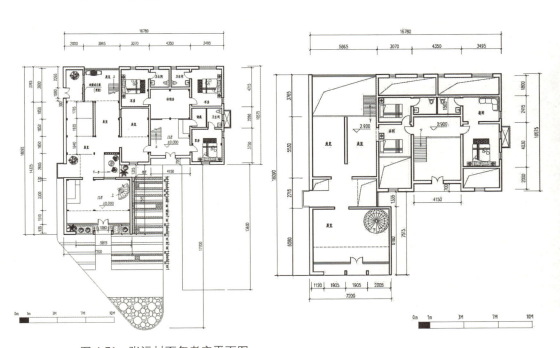

图 4-71　张远村百年老宅平面图

真"的原则，仅对墙面及墀头进行了清理和修缮；房间内腐朽的梁柱和倾斜的墙体都利用钢结构进行替换或加固；对于已经倒塌的正立面，我们采用了合成竹、玻璃作为立面的构成材料，造型上现代而通透。期望将其原始风貌保留下来的同时，能够采用新的立面处理和内部空间划分手法，让这栋年久失修老建筑焕发新的活力。

9. 万秀村水塔

张远村紧邻梁子湖湿地，夏秋季有大量水鸟来湿地栖息，也吸引了大量观鸟爱好者来此驻足。村里的水塔地处制高点，正好可以改造成观景平台，既可以鸟瞰村庄全景，又能够远眺梁子湖的万顷波光。改造中我们以中国传统的宫灯作为原型，使用防腐处理过的竹子作为装饰材料，使原来灰色的水塔成为万秀村的一个标志性建筑。

图 4-72　万秀村水塔原始照片

图 4-73　万秀村水塔改造效果图

10.张远村渔光阁

水产养殖业是张远村的特色产业之一，1000 多亩的精养鱼塘为张远村带来可观收入的同时，也是村落里一道美丽的风景。随着张远村新农村建设的开展，来村里旅游、踏青的游人越来越多。渔塘边简陋的几间平房已经不能满足村里的需要。因此，我们设计了集休闲、钓鱼、餐饮、销售、展示于一体的渔光阁。整个建筑架设于鱼塘之上，采用与万秀村书吧一样的合成竹为材料，不仅造型新颖美观，而且建造成本经济，施工时间短。

图 4-74　万秀村渔光阁改造效果图

六、民居室内改造设计

民居室内环境改造是美丽乡村建设体系的一个必要环节。房屋不是简单的"居住机器"，室内设计也绝非单纯的空间、形体组合，特别是在新农村建设中，室内环境设计应强调"以人为本"的理念。

（一）民居室内设计的基本原则

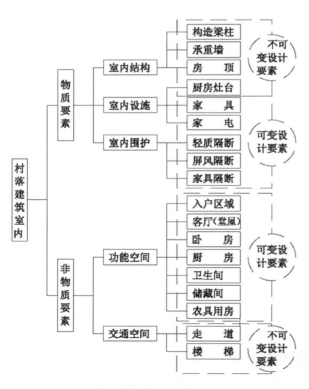

图 4-75　民居室内改造要素系统图

第一，美丽乡村建设不是大拆大建，而是运用现代设计理念和适宜的建筑材料、建筑技术创造符合现代村落生活需求的居住环境。

第二，实用性原则，采用当地适宜的建筑材料与建筑技术。可以使用改良后的地方材料、地方技术来降低建造成本，体现当地建筑与室内空间的地域特色。

第三，尊重传统文脉、体现传统文化内涵。延续村落民居的居住理念与文化习俗，在改进、提高的基础上，与现代生活理念融合、发展、创造新型的人居环境理念和乡村田园生活模式（如图4-76、图4-77所示）。

第四，注重绿色生态与可持续发展。对民居的建筑设计要遵循生态学规律，坚持现代科技与适宜性技术的有机结合，坚持地方材料的科学化改进与应用，保证民居系统的自然生态特性（如图4-78、图4-79所示）。

图4-76 民居客厅改造实景

图 4-77　民居房顶改造实景

图 4-78　民居卧房改造实景

图 4-79　民居餐厅改造实景

（二）村落建筑室内设计的方法与策略

　　我们不得不承认一个现状：我们的设计文化面临着重大的挑战。世界经济一体化及信息全球化某种程度上促使全人类文化趋同现象的发生，而思想和体制的世界大同或者单极化意味着极端的危险。唯有保存人类文化的多样性，确保不同文化间的沟通存异，整个人类社会才能保持其文化生态平衡及持续发展的可能性。文化多元性在建筑学范畴中的体现，是依据建筑本身所处的不同地域与环境特点来表现的，我们将重识并重新运用以地域性为表征、多元化室内设计为内在的建筑，试图让建筑回归个性、生气、活力与人情味。

1. 设计风格上注重地域性

地域性设计是指吸收本地的、民族的、民俗的风格以及本区域历史所遗留的种种文化痕迹的设计。地域性和民族性的概念有所不同：一些小的国家和民族，地域性可能就是民族性的；而对于中国这样幅员辽阔，国内不同地域环境、自然条件、历史遗风和生活方式、民俗礼仪都有显著差异，建筑及装饰材料都各不相同的国家，地域性的概念相对比民族性更专属和狭隘。同时地域性又是一个因地制宜的概念，也是一个带有延展性的概念。地域性的形成离不开三个主要因素：一是地域环境、自然条件、季节气候；二是历史遗风、先辈祖训、生活方式；三是民俗礼仪、本土文化、风土人情、当地用材。

地域性是设计风格的重要组成部分，在设计中借鉴传统文化，强调地域性，用全新的建筑语言表达传统的建筑语汇，是室内设计的一个鲜明的创新途径。在设计中强调地域性必然成为现代室内设计中的亮点话题，强调地域性与民族风格也就是通向设计世界性之路。

2. 设计选材上注重实用性

设计师通过装饰材料来表达自己的设计理念。在实施设计时，很大程度上受到材料的制约，再好的设计如果没有相应技术和材料支持，也只能是一种设想。当前，建筑与装饰材料的发展与更新很快，新材料、新技术、新工艺日新月异。但就村落民居建筑室内设计而言，应尽量简洁和就地取材。可使用的天然材料种类相当丰富，包括石料、木材、黄土、竹子、稻草等。室内的地域性特征大多来自自然材料而非人造材料（如图 4-80 所示）。不同的地域材料体现不同的地域风情，而同样的材料由于文化背景、当地加工工艺的不同亦体现出不同的地域特征。

图 4-80　民居墙面改造实景

153

第五章　村落景观——一村一景

一、新农村景观和新农村景观设计的内涵

景观是一个由不同土地单元镶嵌而成的具有明显视觉特征的地理实体，兼具经济、生态和文化等多重价值[①]。农村景观泛指城市景观以外的，具有人类聚居及其相关行为的景观空间，是人文景观与自然景观的复合体。以农业为主的生产景观、粗放的土地利用景观及乡村特有的田园文化和田园生活，是农村景观与其他景观的根本区别[②]。新农村景观是为了适应时代发展需求，因地制宜地引入生态、观光、旅游等主题，在农村景观的基底上融入现代生态防护和游憩观光等功能而形成的一种多功能复合景观系统。它的规划以尊重自然、追求和谐、注重可持续发展为基础，使传统农村粗放式景观向现代精细集约型景观转变，体现顺应自然、因地制宜的生态内涵，满足现代生产生活的需要，并传承独特的乡土文化[③]。

新农村景观设计则是对农村土地及土地上的物质和空间重新进行合理规划与布局，同时在景观面貌、资源合理分配、生态环境、旅游规划等多方面进行整合，创造富有乡土特色与地域特质的新型可持续发展的生态系统。中国农业大学谢花林教授认为新农村景观设计内涵包含以下四个方面：第一，涉及景观生态学、地理学、经济学、建筑学、美学、社会政策法律等多方面知识，具有高度综合性。第二，不仅关注景观的"土地利用"、景观的"土地肥力"以

[①]　肖笃宁、李秀珍、高峻：《景观生态学》，科学出版社 2003 年版。

[②]　朗小霞、张斌、朗海波：《新农村的特色发展之路——以青岛崂山区为例》，《安徽农业科学》2010 年第 27 期。

[③]　王云才、刘滨谊：《论中国乡村景观及乡村景观规划》，《中国园林》2003 年第 1 期。

及人类的短期需求，更强调景观作为复杂生命组织整体的生态价值、景观，供人类观赏的美学价值，及其带给人类的长期效益。景观规划的目的是协调竞争性的土地利用，提出生态上健全的、文化上恰当的、美学上满意的解决办法，保护自然过程和重要的文化与自然资源，使社会建立在不破坏自然与文化资源的基础之上，体现人与自然关系的和谐。第三，既协调自然、文化和社会经济之间的不协调性，又丰富生物环境。不仅要以现在的格局，而且要以新的格局为各种生命形式提供持续的生息条件。第四，重点关注土地利用的空间布置，根据景观优化利用原则，通过一定地点的最佳利用或一定利用方式的最优地点进行景观规划。[①]

二、新农村景观设计策略

（一）目标原则

王云才提出乡村景观规划的七大原则：建立高效人工生态系统；保持自然景观完整性和多样性；保持传统文化继承性；保持斑块合理性和景观可达性；资源合理开发；改善人居环境；坚持可持续发展原则[②]。姜广辉认为应将文化融入景观、融入建筑，保持景观的文化氛围，对特定生产过程和生物多样性、风景、自然具有特殊价值和保护功能的文化景观进行保护，在不断变化中和不确定因素的干扰

---

① 谢花林、刘黎明、李蕾：《乡村景观规划设计的相关问题探讨》，《中国园林》2003年第3期。

② 王云才、刘滨谊：《论中国乡村景观及乡村景观规划》，《中国园林》2003年第1期。

下，维持景观的稳定性和乡土特色，实现自然和人文的融合与可持续发展①。通过理论学习和具体的建设实践，本书认为现阶段的新农村建设除了传统意义上的村庄整治和产业整合之外，还须从生态美学和物质文化两个大的方面来进行目标定位。

1. 生态美学

生态美学是生态学与美学的有机结合，实际上是将生态学的原理融入美学之中，创建广义上的包括人与自然、社会及人自身的生态审美关系，旨在希望同时通过现代化的规划技术手段和乡土的景观材料，创建安全、悠闲舒适的田园风貌系统，赋予农村区别于城市环境的自然肌理和生态环境。而狭义上的生态美学具体到新农村景观建设实践中则要求保护农村特有的山水自然格局、农田水利系统、村落布局、建筑形态和农村特有的宗族文化习俗，使其数千年以来形成的稳定的自然生态系统得以持续发展和演进，让来访的人们感觉不但看上去很漂亮，同时品起来也很惬意。

中国传统文化中的"轮回"理念表达的是一种周而复始的状态，讲究新生物质对传统物质的继承和发扬，描述的是一种生生不息继往开来的过程，我们可以将其理解为一种朴素的生态观。而现代景观生态学作为一门科学，讲究的是自然环境中物种、气候、土壤演替生长的关系，证实了自然是一个平衡的、系统的、动态的整体。其本质是让人们遵循自然规律，强调平衡与和谐，包含人与自然、人与人、自然系统内部三方面的平衡。具体对于农村景观生态而言意味着在维持农村社会、经济和文化生态安全格局的基础上，

---

① 姜广辉、张凤荣、陈曦炜：《论乡村城市化与农村乡土特色的保持》，《农业现代化研究》2004 年第 3 期。

充分利用现有资源环境条件，形成高效和持续健康的发展模式，最终创建一个具有乡土特色的稳定的生态系统，同时使得农村景观特征最大限度地得以保留和改善。

美学在景观上的表达除了传统意义上要求在形式、线条、色彩、质感等方面有着视觉传递，要使人看上去整洁美观和舒适，更高层次的审美情趣还要求具有艺术性和独特性。对农村而言，就要求农村景观看上去整洁干净，同时也体现一定的艺术性和文化性。因此人们对新农村的美学视觉景观审美需求主要有错落有致的整体布局、干净整洁的公共空间、独具特色的乡土建筑特征、自然分布的农田水系、葱郁的绿色空间和地域特色明显的文化元素。

只有将乡土化的美学特征与现代生态理念结合起来，才能营造出符合农村特色的景观环境，才能让村民有归属感和认同感，让来访的人们有新鲜感和美的享受。

2. 物质文化

物质文化包含物质和文化两个大的方面。其中物质系统主要包含村落的自然形态，包括山形水势布局、建筑形态、公共空间、植被绿化系统、道路交通、农田等（见表5-1）。文化系统则包括村落风水与选址、宗族信仰、节气习俗、行为习惯等非物质系统元素。这两者分别代表着新农村建设中的有形和无形两大方面。一方面通过建设物质形态方面内容改善农村生产生活居住景观，很大程度上关乎居住其中的村民的生活状态和生活状态；另一方面通过对文化系统的研究和传承，使得传统的农耕文化和独有的农业技能、语言、地方特质等宝贵资源得以继承和发扬，可以进一步强化农村和村民的主体地位与意识形态，创造和谐与高效发展的系统。将物质系统和文化系统割裂开来进行研究的新农村建设不利于营造可持续发展的新农村生态系统。

表5-1 传统村落物质系统组成

村落物质格局	组成类型	核心要素
村落布局	村落类型	自然分布（依山傍水、临街、风水等因素）状况
	村落范围	中心村范围大小以及包含山水系统等具有生态和自然景观价值的村域面积大小
	村落特色	确定哪些是极具乡土特色的景观范畴
单体建筑	建筑组合方式	单体建筑和群体建筑布局根据何种方式来进行布局、建筑及其周边环境如何协调
	公共建筑	所处的位置及在功能、体量和形式等方面的考量
	民居	是否具有一定的典型的传统民居样式
	平面布局	内部功能组合方式，面积大小形态组成以及根据农户特点进行局部增减和完善
	门窗	门窗形式、材料以及基本风格特征
	立面材料及颜色	立面材料类型、组合方式，色彩的统一性与特色的保存
	屋脊檐口和山墙	局部细节特征是否与村落特质相符合，同时在保持统一性的基础上如何突出特色
	附加设施	包括太阳能热水器、烟囱、空调室外机等，如何进行合理的遮蔽，尽量不显得突兀
整体环境	公共空间	宗祠、广场、晒谷场等位置、功能以及使用程度分析
	道路	道路交通布局、地面使用材料类型、宽度及可达性、道路等级分类等
	绿化	自然状态下的生长状况和人工种植的数量及密度，乡土植物的种类和分布情况
	庭院	庭院大小、功能以及被利用的程度
	农田	农田分布状况、主要经济作物类型和产量
	水系	河、泉、湖、水井等类型和数量统计以及分布情况
	标示	村内指引系统和特殊的标志性设计
	电力、排水等基础设施	村内外部和地下的管线、给排水系统分布情况，对景观产生的影响程度

（二）设计策略

农村景观设计作为完善农村生活环境和建设社会主义新农村的实践活动，其最终目的不仅仅是为了改善农村居民生活体验和居住环境，更是为了保护农村特有的原生态的自然环境之美以区别于城市空间并平衡人们内心感受。基于生态美学和物质文化两种维度下的新农村景观建设在设计策略上必须从整体上综合考虑社会、经济、文化、生态等多个方面，而不仅仅是单纯的建筑改造或者绿化。只有综合建筑、规划、农业、土地管理等多学科知识体系，才能创建一个具有新时期意义的和谐美丽的新农村，才能将农村的本原面貌与时代更新很好地结合起来，才能塑造一个干净整洁、经济富足、人文底蕴丰厚的现代化农村环境。基于此在设计策略上应该注意以下几个方面。

第一，传承乡土特色，保护农村特有的景观资源。一般认为农村就是以农业生产为主的地域，《现代汉语词典》也定义农村是"以从事农业生产为主的劳动人民聚居的地方"。因此农村是相对于城市而言人类聚居的区域，是一个空间的地理范畴。但是随着城市化进程的不断扩展，城市面积不断扩大，城乡愈发趋于一体化，农村地域范围进一步缩小。从这个角度来说，如何保护好农村所独有的景观资源，传承区别于城市的乡土特色对于保持农村活力性和独特性具有典型的意义。我们认为具有乡土特色的农村景观资源主要包括农村自然景观层面（地理位置、气候条件、地形地貌、水、土、风、光、动植物等)和农村人文景观层面（宗教习俗、经济发展、社会历史文化、生活习俗、风水、古迹、村落、民居、宗祠、街道、广场、井泉、池塘等）。

农村乡土景观应该是一个地方的文化和历史见证，具有丰富本土历史文化内涵的作用。人们常常惊叹于云南、贵州等地如同世外桃源一般的传统村落布局以及美不胜收的民居，这种具有强烈特征的乡土特色景观是先辈和历史共同留给我们的珍贵的财富。但同时也可以看到，很多具有鲜明特征的农村，在城市化的浪潮中采用了同城市建设相同的发展模式，不注意对原有乡土特色景观环境的保护与传承，甚至将这些视为落后的代名词，极力改变甚至摧毁，这些都使得农村景观面貌遭遇空前的危机。

第二，挖掘地域文化，塑造独具一格的景观面貌。景观创造了文化，文化反过来也塑造了景观。地域特色的保持不仅要保护具有物质要素的实习空间形态，还要保护非物质空间形态的精神存在，即从乡村自然景观和文化景观两方面来保护地域特色。对地域景观的保护和发展关键是要从可持续发展的角度认识和掌握区域景观特征，尊重当地文化传统和自然生态环境，对组成乡土特征的各种景观文化要素相互关系进行分析，进而对物质空间形态进行评估和调研，通过适当的调整和整合赋予其新的文化存在价值和意义，这样可以最大限度避免地域特色的衰败甚至消失。

第三，坚持低投入、易维护、重管理的设计手段。农村景观是基于农村乡土特色并区别于城市景观所独有的景观形态，相对于城市景观而言，农村景观的塑造和营建没有像城市景观那样多的资金投入和后期维护管理条件。在这一大背景下，对于农村景观而言就必须坚持使用本土的景观材料、设计语言和表现形式，不能贪大求全将城市景观的要素直接套用到农村景观中来。因为这样一方面会耗费多得多的资金和人力，另一方面会彻底摧毁农村特有的乡土景观面貌。因此，坚持低投入、易维护、重管理的设计手法对于营建乡土特色的农村景观具有非常重要的作用和意义。

第四，公众参与，发挥村民主观能动性。公众参与的概念现今已被绝大多数人所接受和熟知，特别是《中华人民共和国城乡规划法》实施以来对公众参与提出了更多新要求。公众参与对于新农村建设有着以下几个好处：通过对农村的考察与调研，组织村民参与座谈，填写问卷调查等形式，便于设计师更好地了解村落的历史文化，并从中挖取更多关于地域特色的典故和历史；可以更加直观地感受村民的实际需要，清楚村民的真正意愿所在，明确设计内容的体量、数量以及最需要解决的问题；通过获悉村民的需求，建立一定的情感关系纽带，可以尽量减少甚至避免后期设计和施工所产生的矛盾，更利于建设的推进；公众参与的过程也是一个学习和沟通的过程，在这个过程中，设计师可以将自己对村落建设改造的意图和目的更好地传递给村民，让村民明白自己才是农村环境的使用主体和直接受益者，既是对村民的一种教育也可以被理解为达成某种共识，可以为村民提供心理和认知上的平衡。

村民一旦接受了建设思路，明白了自己不是作为旁观者来建设自己的家园，而是直接使用者和受益主体，那么这种角色的转变和使命感的提升，会极大地提高新农村建设开展的效率和成效，同时村民直接参与建设会使得整个村落的地域特征和文化传承得以更好地表达。

三、万秀村现状分析

（一）概况

万秀村现为湖北省"省级生态村"，村庄环境优美，污染情况

少，适宜居住。村内目前主要的公共服务设施有村委会、综合服务
超市、幼儿园、卫生所、祠堂、戏台等。村民主要从事农业和林业
种植，青壮年劳动力大多外出打工，居住在村内的居民以老年人、
妇女和小孩为主。

（二）存在问题

万秀村 2012 年被评为省级生态村、省级宜居村，很大程度上
得益于该村良好的区位以及优美的自然生态环境，同时该村在公共
卫生治理、太阳能、沼气池建造等多方面也有着很好的实践。初到
该村，映入眼帘的即是满塘的荷花及入口的古桑树，生态环境不可
谓不好，然而通过进一步的踏访和资料整理，发现万秀村仍然存在
一些问题尚待解决。

第一，缺少统一的整体规划，村内道路系统不尽完善，建筑布
局局部过于集中，且建筑风貌凌乱，无特色。

第二，公共基础设施方面给排水系统不完善，尤其是排水系统
缺少合理的规划设计，以自然散排为主，汇聚于村内的中心池塘
处。固体垃圾缺少固定的收集点，公共厕所布局凌乱且数量偏多造
成资源浪费，同时村中没有明显的标识设施。

第三，公共空间特色不明显，村民缺乏集会的场地。中心水塘
水质较差，公共绿地缺少，植被凌乱。

第四，民宅多以红砖建筑或者两层楼的水泥建筑为主，多数建
成于 21 世纪初，多以自建为主，因此在外立面和功能布局上缺少
足够的美感。附属于建筑的院落大多数荒废或者以种菜满足自家食
用为主，缺少合理的规划布局。

四、景观建设实践

基于全国新农村建设的政策以及鄂州市梁子湖区创建全国生态文明示范区的契机，万秀村成为梁子湖区新农村建设的两个村落试点之一。

（一）景观建设目标与范围

万秀村的主要建设项目包括：建设以休闲度假、湿地生态科普保护、产业发展和旅游规划为主要目标的生态文明村；坚持打造竹文化、渔耕文化、生态文化和鄂南建筑文化于一体的自然与人文交融的景观环境；塑造以水、鸟、竹、枫树和荷花为主要景观要素的乡村慢生活体验；始终将生态建设放在第一位，建设可持续发展、生态低碳与绿色节能的示范区；着力开展有机生态农业、旅游度假和农家乐相结合的产业规划布局。

针对以上建设目标，项目设计团队对万秀村进行了整体改造，包括村落近期及远期规划布局、公共空间景观整治、改造民宅与公共建筑 15 栋、重新规划设计给水排水系统、新建祠堂戏台等公共建筑 2 处、全村的产业规划与旅游规划、村落植被绿地系统建设、村内及入村道路的公共标示系统的设计等全方位建设。

（二）景观建设原则

景观设计手法坚持以下原则：保护乡村整体自然的原生环境；

挖掘特色景观要素与潜在景观特质；着重塑造传统鄂南民居建筑风格特色与院落景观；坚持生态化的设计模式，塑造良好的公共空间与居住环境；使用本土材料与可复制的设计手法，降低建设成本。

（三）景观建设实例

1. 万秀一号院丹桂苑景观改造实录

同城市别墅的景观环境相比，乡村院落的改造在功能上并不复杂，结构上也相对简单，造景元素也更为单一。但从实施的角度来说，总会有这样那样的复杂问题要去面对：既要让院落有乡土的味道，还要满足住户种菜、休憩等实际的功能需求，同时还要在造价有限的情况下能够承载一定的院落功能和后期发展需求。因此，面

图 5-1　一号院侧院

对这复杂的整体情况，采取何种建构方式来塑造具有典型乡村风格的农家院落环境是一个整体而复杂的系统工程。

结合村落改造的整体规划定位和实际功能需求，我们对一号院的实际环境进行了详尽考察并与户主进行了有针对性的访谈交流。

一号院作为万秀村第一个改造的农户，既承载着政府的期盼和关注，也成为一个标杆为后续村民参与改造提供参考，所以其重要性不言而喻。我们在设计之初就确定了一个大的原则：农村民居改造，院落的存在与否在相当程度上比建筑改造更为重要，这是区别

图 5-2　一号院后院

于城市居住的一个重要功能，所以凡是有建筑必然有院落。基于这个原则，一号院的环境改造实际上突出的是"院落"这一乡村居所的核心功能定位。

同绝大多数农村建筑一样，除了建筑本身之外，一号院同样有着较大面积的宅基地。除了正面的入口院落外，后院和侧院也有相当大的面积。这为院落的改造和最终的形成奠定了良好的基础。

但就其本身环境而言，一号院也存在相当多的问题。第一，"院"的环境特质不明显，其主要原因在于缺乏必要的空间围合与组织，整体显得过于开敞，缺乏内向性的凝聚，亦即缺乏"场"的空间特质；第二，从入口到后院缺乏明确的功能布局，对场地使用无规划；第三，建筑外部环境功能较为单一，除了基本的交通和菜地功能，其余几乎都是凌乱的杂物存放；第四，场地内部同外部环境具有相当的趋同性，既没有视觉上的隔离与引入，也缺少相对的引导。

因此，可以认为虽然一号院具有院落形成的基本条件，但丝毫没有院落的基本形态。这既是最大的问题，同时也是我们能够得以实施设计的最大利好所在。

当然就其本身而言也有一些零碎的院落基本元素，如散布的砖瓦、随处可见的农家坛罐、井口、隔离菜地用的竹篱以及后院现存的大树等都为我们后期设计院落提供了直观而极富地域特色的素材。

在同户主交流的过程中，我们得知户主在城里从事建筑装修工作，家里共有3口人，夫妻二人和一个正在上大学的女儿。妻子主要在家务农，平时生活所需的日常蔬菜主要靠院子里面的菜地供应。当得知万秀村正在进行村庄整治改造，户主第一个就报名了，积极性非常高。考虑到万秀村具有相当好的旅游资源并且是湖北省生态村，日常会有一些政策性的考察和接待工作，户主对院落改造的目标相对而言比较明确。由于建筑本身内部接待能力有限，希望自己的院子在改造之后具有一定的接待能力，并且看上去整洁漂亮。这和我们当初的目标也不谋而合。

基于对现状的解读和户主需求，万秀一号院的景观设计思路我们大致确定为"围院、筑墙、植篱、整坪、林下、望野、公共客厅"几个关键词。

（1）围院。一号院内外环境的趋同性使得整个院落空间特质不明显，那么设计的第一步就是将原本单一而杂乱的功能合理地布局于整个场地之中，使其形成具有差异性的院落空间，也就是区分出前院的入口空间、侧院的展示停留空间、后院的经营使用集聚空间以及附属的建筑功能空间。当不同的功能格局得以区分之后，院落

①	秋千	⑦	茶座
②	户外摇椅	⑩	竹林
③	景观矮墙	⑪	景墙
④	花架	⑫	洗手池
⑤	菜地	⑬	古井
⑥	花池	⑭	高粱、玉米、向日葵轮作地
⑦	花卉灌木	⑮	陶罐、石钵、花卉雕塑
⑧	餐桌	⑯	竹篱

图 5-3　一号院景观方案设计

的"场"的概念就逐渐明晰，不同空间的属性和具体的功能也会随着设计的展开而进一步明确和深化。

（2）筑墙。空间的形成除了有地平面作为底面限制因素之外，最重要的在于有垂直面的限制因素。因此，如何通过围墙的设置将院落与周边环境区分开来，是保证院落场所形成的最重要因素之一。筑墙则成为整个功能考虑最重要的设计手法之一。围墙的高度以能

图 5-4　砖墙

图 5-5　瓦墙

169

够保证人坐下来不影响看见外面的视线为基础来考量，并且同时作为整个场地在视觉上有高差变化从而得以形成阶梯式的台地景观的衔接元素存在。在筑造手法上，也不是完全的隔离，而是通过砌筑方式的"透"，保证内外得以有一定的融合。在材料上则使用乡村筑造最为常见的砖、瓦和毛石，保证了乡土景观的统一性和地域性。

（3）植篱。作为筑墙的一种补充的设计手法，植篱不仅仅是对

图 5-6 木桩围篱

传统乡村手工技巧的一种延续，也是对隔离功能的一种很好的补充。其主要作用在于能够将一些不需要刻意区分功能空间的场地区分开来，比如菜地、硬质软质空间的区分等，同时也可以进一步凸显作为农家小院的景观特质的乡土特征。

（4）整坪。作为具有一定使用功能的农家庭院，除了要满足交通功能之外，户外停留也是必须满足的基本要求。所以，对地坪的

图 5-7　青砖和红砖铺地

图 5-8　毛石铺地

处理对于塑造院落场所空间区分高差变化强调不同的空间属性也有着极其重要的意义。在本次地坪改造中，我们主要使用青砖、红砖、当地的河石和毛石来区分不同的功能意义。

（5）林下。林下指的是植物空间所形成的能够提供休憩和停留并且具有一定舒适度和标志意义的景观场所。一号院现存的植被情况极其良好，前院现存两棵15年左右的香樟树，后院现存一棵20年以上的香樟树和10年左右的女贞树，零散还有一些桂花树等。这些植物的存在除了彰显户主对场地领域的权属性，还对塑造院落空间有着极大的意义。整理利用好这些植物对于院落的形成是极其

图 5-9　后院保留樟树

图 5-10　侧院保留樟树

关键的。在除掉院落原有的一些杂乱无章的植物之后，这些保留的大树更凸显其存在意义，树下成为人们乐意停留的场所。

（6）望野。一号院后院有一片开阔的菜地，未来规划为村落的有机蔬菜种植基地。同时远处为另一村湾所在地，视线极其开阔。可以想象，当人们在院落里吃着农家菜，品着农家茶，同时还能极目远眺，心情是何等的舒畅与爽快。望野，就是让人们在有限的庭院空间范围内得以将视野和思绪延伸到更广阔的空间。

（7）公共客厅。前面提到，农村住宅与城市居住最大的区别就在于有一处庭院能够让人们更多地融入户外生活。我们前面所做的一切无非是希望庭院能作为公共客厅，让人们感受乡野、自然与户外生活，同时还能作为后期开展旅游和农家乐接待的辅助功能场所，进一步提升乡村生活品质。

图 5-11　农家坛罐

图 5-12　汲水口

图 5-13　后院整体景观

　　通过整体概念的植入和具体的设计手法，万秀一号院的院落景观大致实现了我们最初的设计意图：在最大限度保留乡土特色的基础上为户主提供了一个干净舒适并且能够有后续经营空间的院落。

实践也证明，在建成之后，无论是上级检查还是同行考察，一号院院落都是最具人气的场所，整个院落曾经接待过 11 桌客人，为农户经营扩展了空间。

2. 万秀村入口游园景观改造

相对于民宅院落改造而言，公共空间的塑造对于形成村落品质和空间属性具有更加典型的意义。万秀村入口游园原本就是村民活动和停留最为频繁的场地，也是村民最乐意去的地方之一。加之其所处位置又是入村必经之地，所以其重要性不言而喻。在改造之初，村民是反对的，主要原因在于村民对原有场所空间的感情已经日渐深厚并形成惯性思维。所以在进行整体设计之初，我们广泛收集了村民的意见和建议，希望能够在保留村民对其使用习惯的同

图 5-14　小游园原貌

时，重新激活场地活力，塑造一个整体且直接的村落入口景观形态，并且能够成为无论是村民还是访客都乐于停留的公共场所，能够展示村落整体面貌和历史特质的公共空间。

通过详细的调研和考察，场地内部问题很明确地摆在了我们面前：景观形态不明确、空间属性单一、功能混合（污水处理池、井、健身器材、休息设施在同一处）、植被杂乱、视觉景观质量差等。

所以设计的最大问题在于如何处理这些看似独立却又繁杂的景观空间，同时将其最基本的功能空间融入到不大的场地之中。传统中医的基本诊病手法在于四个字"望闻问切"，对于实际上已经患病的这一公共空间形态而言，我们也总结出了四字要理"整、破、塑、除"。

（1）整。"整"的要义在于将这一场地当作一个整体来看，其不仅仅是展示村落的整体形态，更是一个融合了停留、休憩、展示功能的公共平台。将原本各自独立的污水处理池、古井、古桑、健身场地和绿地这些碎片化的景观元素等当作一个整体来对待，就要求在视觉上这些元素必须是一览无余的，同时在功能上也应该相互联系和融合，与周边的荷塘、道路、书吧、建筑等也能够相互串联。

（2）破。"破"不仅仅是将原有空间形态打破，更是将原有的景观格局破坏。所谓不破不立，如果只是小修小补，那么场地的持续生命力和活力就无从谈起。这种"破"不是对原有功能的破坏，而是对其形态格局的"破"。

（3）塑。这里的"塑"包含两层意义。一是塑造场地的历史感。由于小游园中原有古井已经荒废，并且近几年的建设导致其形态与人们脑海中的古井毫无关联，所以对这一历史元素的挖掘和重新塑造是具有关键意义的。另外，小游园旁的古桑树也是具有典型视觉效应的景观元素，如何重新塑造并使其成为村落入口的标志也是极其重要的。二是塑造场地的时代感。作为入村的必经之地，其具有非常重要的展示作用。作为展示新农村建设阶段性成果的污水处理池和具有典型乡村特质的荷花塘可以成为塑造场地时代感和地域特色的标志性景观，如何凸显也成为景观设计不得不考虑的问题。

（4）除。初次接触场地，第一感觉就是其只能被称为"园"，

图5-15　改造后小游园

而根本不具备所谓"游"的功能。其植被繁杂且布局凌乱，加之常年缺少管理维护，所以人们根本不可能最大限度地使用场地本身，游玩这一功能更无从谈起。所以这时设计必须要做减法，去除场地内现存多余的植物，使人们视线能够更加开阔。除掉这些植物的同时，也应该增加一些园路，让游园具备"游"的功能，让人们能够更大程度地进入场地之中，更好地体验场地内部的功能格局和荷塘景致。

改造之后的小游园，面貌可以说是焕然一新。改造时，除了在功能上保留了村落公共空间的属性之外，还增加了对展示村落历史的古井和桑树形态的重新整合和塑造，并对污水处理池进行了形态改善。将周边荷花塘融入场地之中，改变了原有视线被阻挡、使用性差的空间格局。在保留原有全民健身设施的基础上也增设了一些座椅，尤其是面向荷塘的园路设置使得居民和访客能够以更多的视角来远眺更多的美景。可以说在还原村民对于场地原有精神归属需求的同时，塑造了一个更具时代特色和乡土特质的公共空间。

第六章　美丽乡村村落生态

　　美丽乡村建设是一个系统工程，生态环境建设是其中一项重要内容。我国农业集约化的快速发展、农村生活方式的不断改变，以及城镇化和工业化对农村地区日益深刻的影响，明显加剧了农村生态环境的总体恶化，成为实现美丽乡村建设目标的瓶颈问题。

一、乡村村落生态状况分析

梁子湖是湖北省容水量最大的湖泊之一，水质优良。万秀村位于梁子湖畔，属生态敏感区，自 2006 年起，借梁子湖（岛）旅游开发的东风，万秀也逐步建立了多家农家乐，大力发展旅游业。村落常住人口少，面积小，环境容量偏小，旅游旺季时相对偏大的旅游人口形成相当大的环境污染冲击负荷，这对万秀的雨水、污水系统设计及生态环境规划编制提出更高的要求。

为此，我们的污水系统设计结合万秀村旅游发展的需要，完善其污水收集系统，采用分散低能耗处理措施，将污水中污染物最大限度地进行削减。

雨水系统的建设，考虑采用低影响开发技术（LID）并借鉴海绵城市建设相关理念将其与生态景观设计相结合，以期在建设开发过程中最小地改变原有水文状况，保护生态敏感区环境。

（一）万秀村雨水、污水系统原貌

进行规划设计前，万秀雨水系统基本为明渠与管涵相结合，依地势敷设，最终排入塘堰、农田及梁子湖，见图 6-1。明渠部分为素土，部分为浆砌块石，部分为砌体结构。

村无完善的污水管网系统，仅有分户的沼气池，人畜粪便均在沼气池进行处理，沼液和沼渣作为农家肥。村落中部分塘堰有富营养化趋势，见图 6-2。

图 6-1 雨水系统原貌

图 6-2 塘堰原貌

（二）美丽乡村建设过程中出现的主要环境问题

美丽乡村建设，具有"五新"的特点，即技术环境、自然环境、体制环境、分工环境、居民主体都是全新的。农村环境与生态保护改善是其中重要内容。改革开放以来，随着我国农村经济建设的发展及产业结构的变化，环境污染和破坏日趋严重，农村自然环境受到严重冲击，极大地伤害了农民利益，这与美丽乡村建设的根本目的极不协调。要实现美丽乡村建设既定目标，必须切实加强农村环境保护，改善农村环境质量。

目前，我国农村的生态环境与整个社会的经济发展极不相称，农村相关处理设施匮乏，各种污染物无组织散排放，传统的点源及面源污染问题没有得到解决。随着农村生活水平提高和农村工业化发展，农村也出现了一些新型污染，城市工业污染有向传统农村转移的趋势。由于农村基础设施落后，农民环保意识淡薄，且更无适合于农村的环保建设的成熟模式与体系构建，因此农村环保生态建设目前基本还处于探索阶段。①

1.水体污染

农村水体污染主要来源有两部分：一是农民生活相关污水，主要由生活污水和垃圾渗滤液构成；二是与农村生产活动相关的污水，主要是养殖业、畜牧业、农业灌溉及乡镇企业等产生的污水。由于并无完善的污水收集及处理系统，农村污水基本是就近排入水体或渗入地下，如果超过水体环境容量，很易造成地表或地下水体的污染；

---

① 卫思瑜：《新农村建设中环境问题的特殊性及其法律规划研究》，硕士学位论文，西安建筑科技大学，2013 年。

乡镇企业在发展过程中往往重视企业经济效益而忽视环保设施的同步发展，造成配套污水处理设施不完善，排水达标率较低。2013 年，全国废水排放量约为 695.4 亿吨，其中主要污染物排放情况见表 6-1。

表 6-1　全国废水主要污染物排放情况[①]

排放量 ＼ 排放源	合计	工业源	农业源	城镇生活源	集中式
化学雷氧量 / 万吨	2352.7	319.5	1125.8	889.8	17.7
氨氮 / 万吨	245.7	24.6	77.9	141.4	1.8

从表 6-1 可见化学雷氧量排放量农业源排位第一，氨氮排放量农业源排位第二，农业排放污染物总量日渐增多，对水体污染不可小视，必须引起高度重视。

2. 土壤污染

土壤污染可以通过土壤—植物—人体或土壤—水体—人体等途径传播，直接危害人体健康。在人类社会发展过程中，由土壤污染引起的公众健康问题和环境破坏屡见不鲜。而土壤污染相对于水体污染及大气污染具有隐蔽性和滞后性，恢复极难。随着农村化肥和农药的使用范围、数量和种类逐步增大及乡镇企业的发展，土壤环境污染物种类和数量也不断增加，土壤污染发生面积和规模在逐渐扩大，危害也进一步加重。污染物主要有农药和化肥、固体废物、重金属等，并且种类仍在不断增加，尤其是镉和铅等重金属的污染有明显上升趋势，主要由"三废"排放、污水灌溉和化肥农药造成。

[①]　中华人民共和国环境保护部：《2013 年环境统计年报》，http://zls.mep.gov.cn/hjbj/nb/2013tjnb/201411/t20141124_291868.htm。

3. 农村生态日益破坏

我国人口众多，农业生态安全一直面临着巨大的人口压力。经济发展、人口高速增长的同时，对国土、粮食、水、大气等资源和生态环境造成了巨大压力。在农业生产过程中，较少顾及生态环境，对各种资源进行掠夺式开采，农业经营模式粗放，产业结构不尽合理，必然导致农村生态环境趋于恶化。荒地的扩大开垦，使脆弱的生态环境进一步恶化。农业生态系统进入恶性循环，农业生态处于一种不安全的状态。生活污水污染地面和地下水体。农民生活水平提高，用水量也逐步提高，产生污废水量增大，但农村污废水不经过处理而自然排放进入水体或下渗，对自然水体造成污染，也对农村生态环境造成破坏。

农村在现代化建设过程中，盲目照搬城市排水模式，形成大面积不透水地面，原有植被及有蓄水功能低地、凹地被大量占用。径流系增大趋势明显，原有水文下垫面破坏。农村植被丰富、人口密度低的优势没有在排水体系构建过程中加以充分利用。

4. 农村排水建设规范制度缺乏

我国建设设计体系中相对应的规范、规程多以城市为基础编制，针对农村建设专业规范偏少，在实际工作过程中大多只能参考相对应的城市建设规范，再根据实际情况加以灵活应用。

二、万秀排水系统设计

万秀村整个村落依山而建，紧邻梁子湖，周边水塘、藕田、稻田众多。污水系统设计时考虑散式与集中相结合，将处理后的水排入氧化塘，然后进入水系的生态循环或作为回用水加以资源化利用。处理工艺上充分考虑当地技术人员缺乏、对污水处理成本较敏感的实际情况，采用人工湿地作为主体处理工艺。设计的万秀村污水处理系统见图6-3。污水管网采用d300—d400双壁波纹排水管，砂基础。收集管网沿村中主要道路敷设，选择合适的地理位置修筑化粪池，污水经化粪池进行初步固液分离并完成一定程度的有机物厌氧降解，减轻后续污水处理工艺的负荷。化粪池出水进入人工湿地处理后再排入氧化塘（由原有塘堰进行生态改造而成），氧化塘亦作为回用水贮水构筑物，其出水达到《城市污水再生利用城市杂用水水质》（GB/T18920—2002）之城市绿化用水水质标准，可用于村落绿化、道路浇洒或农业灌溉。

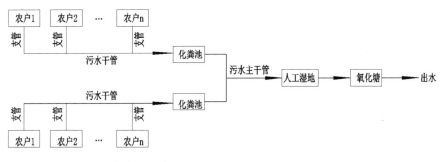

图6-3　万秀污水处理系统图

在本工程中，雨水系统设计实施过程中，充分考虑利用低影响技术并参考海绵城市建设相关方法，尽量减少村落在改造和建设过程中的地表硬化对生态系统的影响，维持原有生态水文循环。

（一）污水收集系统平面布置

万秀村污水管网平面布置见图6-4。由图可知，万秀村的污水管网分成东、西两个系统，体现部分集中、部分分散的设计思想。西部污水管网系统主干管沿村中高程较低主干道顺地势敷设，管径 d300—d400 毫米，排出口设人工湿地。东部污水管沿村东部边缘低处顺地势敷设，收集各农户污水，管径 d300—d400 毫米，排出口设人工湿地。

1、标志入口
2、竹深荷静
3、静荷塘
4、生态停车场
5、草坡
6、入口竹廊
7、万秀宗祠
8、大桑树
9、生态净化池
10、古井悠然
11、挹秀草堂
12、映秀池
13、玉带溪
14、碧水泥
15、竹影池
16、万秀文化戏台
17、翠竹林
18、渔乐池
19、民俗广场
20、枯木迎宾
21、次入口
22、预留建筑用地
23、花海烂春
24、竹林人家
25、枫时红养老院
26、小型停车场
27、万秀荷风宾馆
28、枫树林
29、枫林小径
30、枫岭远眺

图 6-4　万秀村污水管网平面布置图

（二）人工湿地

人工湿地可适应各种规模的生活污水处理，其基建费用低，处理构筑物简单，可由各种天然生态系统或经简单改造而成，无须复杂的机电设备，运营维护及管理成本低。人工湿地的主要材料如碎石、砂砾、煤渣、土壤等均便于就地取材。处理系统依自然地形建造，污水自流进入，节省提升动力，运行费用是常规活性污泥法的 10%—50%。但人工湿地往往占地面积较大，单位面积处理负荷低。万秀村有较多土地可以利用，但对处理系统运行费用较敏感，因此适用人工湿地进行污水处理。

图 6-5 为万秀选用的人工湿地工艺流程图。由图可见，主体处理构筑物为格栅池、调节池、厌氧池和湿地池。湿地池采用三级处理模式，保证处理之后的出水效果。湿地池基质采用硬性填料，按不同级配分层布置；池面植物种植主要为美人蕉、马蹄莲、野芹菜。水棕竹、梭鱼草。

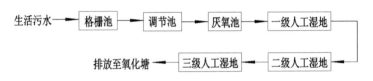

图 6-5　人工湿地工艺流程

万秀村污水处理总规模经计算确定为每天 110 立方米，村西污水系统湿地处理规模为每天 60 立方米，村东污水系统湿地处理规划每天 50 立方米。其中，污水处理设计人口 800 人，综合用水定额每人每天 170 升，折污系数 0.85。

（三）基于低影响开发（LID）的万秀村雨水系统

在城市建设发展过程中，由于大面积土地硬化，径流系数也随之增大，雨水入渗量减少，地表径流量加大，洪峰流量增大，再加上一些城市规划的泄洪河道水位偏高，雨季涨水时水位与雨水排水口水位差小，对雨水排出形成顶托效应，雨水外排困难，因此一旦有暴雨，极易形成内涝甚至倒灌。在美丽乡村建设中，如果沿用城市建设发展过程中的思路，必将出现内涝等问题。

因此，在美丽乡村建设过程中，有必要引入"低影响开发"概念，尽可能不改变原有地域水文循环体系。

1. 低影响开发技术概述

低影响开发（LID）是20世纪90年代由美国乔治省马里兰州环境资源署提出的一种可持续的雨水管理体系。它特别强调限制不透水地面的面积以及减少对自然水体、自然排水通道的破坏，并主张采用源头、分散式、多样化、低成本的绿色雨水设施，对雨水进行截留、渗透和净化，目的是有效缓解因不透水面积增加带来的不利影响，尽可能维持或恢复场地原有的自然水文特征。

低影响开发的技术措施包括绿色屋顶、雨水花园、植被浅沟、下凹式绿地、透水铺装、雨水收集回用设施和其他渗滤滞留设施。这些与传统的雨水排水措施相比，特点是生态化、低能耗、低成本，还能最大限度地减少和降低场地开发对周围生态环境的影响，对改善区域的生态环境具有非常重要的意义。

低影响开发设计在宏观层面与场地总体规划密切结合，强调对自然水文循环的保护。它综合土地利用、景观规划、基础设施建设等，目的是创造出一个生态的、可持续的场地。同时，低影响开发也是小规模（尺度）、分散式、结合具体场地条件的源头控制技术。根据不同场地条件制定不同的设计方案，结合相应的控制目标、要求以及其他的限制因素，低影响开发措施可以应用到单体建筑、居住区、商业区、街道（道路）、公园、停车场、开放空间等不同功能区，几乎所有的场地都可以不同程度地采取低影响开发措施缓解对场地水文循环的破坏。与传统的场地规划和雨水排水方式相比，低影响开发技术更简单、更有效、更经济、更灵活、更生态，这也是低影响开发能在多个国家得到有效开展的原因。

万秀村原有的雨水排水体系，有砖砌雨水排水管、少部分暗管、部分素土渠道，雨水经管渠收集后排入下游塘堰或直接排入农田。村落丘陵地貌有利于雨水排放，基本也无洪涝危险。本次设计不改变原有的雨水收集及排放走向，主要是将其按低影响开发要求和海绵城市建设方法进行改造，做到雨水最大化利用和削减雨水污染物。

根据低影响开发的要求，结合用地布局设置植草沟、可渗透地面、下凹式绿地、透水性停车场和广场、人工湿地，利用绿地、广场等公共空间蓄滞雨水。新建区的硬化地面中，可渗透地面面积比例不低于30%；现有硬化路面的改造应采用可渗透的新材料和新工艺。

2.基于低影响开发的人工植草沟设计

植草沟是沟渠内种植植被的一种排水设施，一般建于硬质地面

图 6-6　生态植草

旁代替传统的排水沟。植草沟下部土壤多经过改良并加装填料，植草沟出水最终经排水管排走。植草沟与排水管相结合，既有一定的雨水输送能力，同时又能使雨水有一定滞留时间。植草沟出水亦可就近排入雨水池和人工湖，这样一来植草沟就成为一种雨水的预处理工程措施，使其中的污染物得到有效的截留，为雨水进一步深度处理回用减轻污染物负荷。植草沟一般可分为湿草沟和干草沟两种，其中湿草沟长期保持潮湿状态，可维持微生物

菌落的稳定存在与生长，对雨水中的溶解性有机污染物也有一定降解能力，其处理效果好于干植草沟①。

将万秀村原有的部分雨水渠道底部土壤进行改良，铺装透水材料，种植耐水植物，形成生态植草沟，见图6-6。

3. 基于低影响开发的下凹式绿地

根据绿地与周围地面的高程关系，可将绿地分为上凸、平、下凹三种。上凸式绿地具有较好的城市景观功能，但雨水滞留效果不明显，降雨时雨水会顺着地形排出绿地，流入周边地面，汇集进入雨水管网，绿地渗透和蓄积的雨水量有限，对雨水管理不利。与周边地面高程相同的绿地，仅仅能收集自身绿地上方的雨水，绿地周边雨水无法进入绿地。雨量大时，仍有较大的雨水径流流出，绿地渗蓄雨水的功能不强。下凹式绿地可以将周围地面的雨水径流引入绿地内，在雨水管理方面发挥积极的作用。下凹式绿地具有蓄渗雨水、削减洪峰流量、净化径流水质和补充地下水等功能，越来越受到学者和城市设计者的关注。万秀村部分绿地设计成如图6-7所示的下凹式绿地。

图6-7　下凹式绿地示意图

---

① 汤萌萌：《基于低影响开发理念的绿地系统规划方法与应用研究》，硕士学位论文，清华大学，2012年。

4. 基于低影响开发的透水铺装

透水铺装是指用空隙率高、透水性能良好的人工材料铺设的地面，包括透水混凝土路面、碎石地面、嵌草砖（草皮砖）等。雨水能够通过透水表层材料进入内部，再经过有临时贮水能力的基层，渗透至土基或铺装内部排水管，利用透水铺装对雨水过滤拦截，去除了污染物后的雨水可以有效补充地下水，减小地表径流系数，从而削减地表径流。在地面硬化的过程中，在广场、停车场及人行道应尽可能采用透水性地面。

万秀地面硬化铺装中主要用到了卵石铺装，主要用于行人和非机动车道，见图 6-8。

图 6-8 卵石铺装

5. 基于低影响开发的绿色屋顶及高位花坛

绿色屋顶（Green Roof）是指在传统屋顶防水层之上种植绿色

植物的一种屋顶形式，由屋面防水层、排水层、土壤层、植物层等共同组成。它有截流雨水、保温、净化空气、美化环境作用。绿色屋顶主要有两种形式：一类是密集型绿色屋顶（Intensive Green Roof），以欣赏和使用功能为主，建在阳台、露台上。一般土壤层比较厚，因此可以种植较大型植物。这种绿色屋顶维护管理工作量比较大，需要大量的灌溉。另一类是粗放型绿色屋顶（Extensive Green Roof），以环境功能为主，土壤层比较薄，日常维护管理工作量小，广泛应用于控制雨水径流、改善建筑环境。

近年来，绿色屋顶作为一种雨水控制利用设施发挥着越来越重要的作用。绿色屋顶可以对雨水水量与水质进行有效的控制管理。绿色屋顶的植物、土壤层及其附属结构对雨水截留、吸收、储存和净化，是雨水的自然水文循环过程的人工强化。

降雨发生过程中，初期的雨水可以被绿色屋顶中的植物、土壤层及附属的结构截流、吸附，减小雨水径流；另一方面绿色屋顶还可以吸附、截流雨水中的污染物，可以净化雨水，改善雨水水质。

万秀村的公厕亦采用粗放型绿色屋顶设计，在其屋顶铺设防水材料保护层；保护层上采用砾石铺设排水层，在其中埋设 d50 毫米的 UPVC 穿孔排水管并铺设土工布作为保护层；保护层之上为 200 毫米

图 6-9 高位花坛截留建筑雨水

193

厚的田园土形成种植层，种植草坪和小型花卉。

在万秀村建筑立面改造过程中，结合排水工程建设，将高位花坛作为雨水净化装置设置于建筑周围，用于接纳、净化屋面雨水。层面雨水流经高位花坛渗透净化，然后通过下凹式绿地进行渗透，形成地面径流的雨水再经过排水系统进入自然水体。高位花坛内填入的是渗透性能好、净化能力强的人工混合土，见图6-9。

6. 初期雨水污染控制措施

初期雨水往往含有大气及地表主要污染物，污染物浓度也不低。初期雨水污染控制措施包括工程性措施、非工程性措施及其他措施。工程性措施包括下渗式地面、河漫滩、人工湿地、土地处理系统等；非工程性措施包括地表清扫、管道疏通、雨水利用和最佳管理措施等。

万秀雨水污染控制以工程和非工程措施相结合，从源头进行污染治理与控制。采取有效措施控制污染物在收集与输送过程中对水体的污染，加强管道的日常维护与疏通。采取经济高效的终端处理设施对溢流污染负荷进行削减。转变以排为主、轻视面源污染的排水管理思维模式，实行排水与面源污染控制并重的雨水综合管理。

在后续工程实施过程中，结合人工湿地、可渗透地面（透水停车场和广场）、下凹式绿地、植草沟，利用绿地、广场等公共空间蓄滞雨水。后续新建硬化地面时，要求可渗透地面面积不低于40%。

万秀村的整治改造，由于采用了综合性低影响措施，因此从源头上降低开发建设而导致的水文条件的显著变化和雨水径流显著变化对生态环境的影响。如通过设置在行道树绿化带和路侧绿化带下的砾石过滤层，降解初期雨水径流污染，将得到过滤净化后的雨水再排放至明渠，建设接近自然状态的排水系统，并注重通过非工程性与工程性措施对雨水污染开展源头控制。

（四）径流量控制

《海绵城市建设技术指南》（试用）指出低影响开发雨水系统的径流总量控制目标一般采用年径流总量控制率来衡量[1]，年径流总量控制率概念如图 6-10 所示。

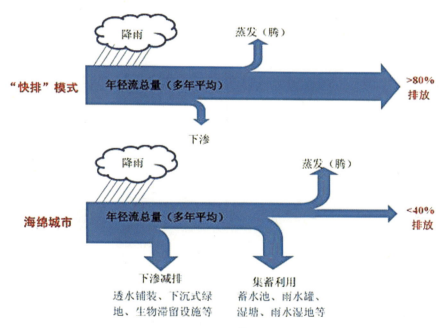

图 6-10　年径流总量控制率概念示意图[2]

①　住房城乡建设部：《海绵城市建设技术指南——低影响开发雨水系统构建（试行）》，2014 年 10 月。
②　程晓波：《上海市中心城区初期雨水污染治理策略与案例分析》，《城市道路与防洪》2012 年第 6 期。

　　理想状态下，径流总量控制目标应以开发建设后径流排放量接近开发建设前自然地貌时的径流排放量为标准。自然地貌往往按照绿地考虑，一般情况下，绿地的年径流总量外排率为15%—20%（相当于年雨量径流系数为0.15—0.20）。因此，借鉴发达国家实践经验，年径流总量控制率最佳为80%—85%。这一目标主要通过控制频率较高的中、小降雨事件来实现。

　　考虑地表类型、土壤性质、地形地貌、植被覆盖和经济因素，并结合我国大陆地区年径流总量控制率分区图来分析（见图6-11），万秀村的雨水系统径流量控制率取70%。

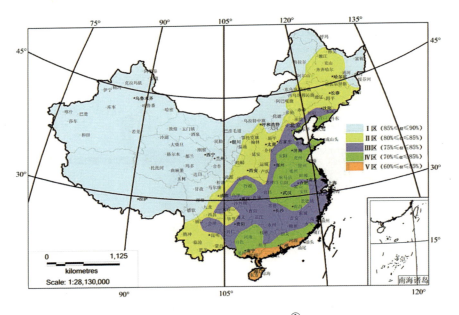

图6-11　我国大陆地区年径流总量控制率分区图[①]

_____

① 住房城乡建设部：《海绵城市建设技术指南——低影响开发雨水系统构建（试行）》，2014年10月。

万秀村低影响设施调蓄容积满足"单位面积控制容积"的指标要求。设计调蓄容积采用容积法进行计算，如式（6-1）所示。

$$V=10H\phi F \qquad\qquad\qquad (6-1)$$

式中：V——设计调蓄容积，立方米；

H——设计降雨量，毫米，万秀按70%径流量控制时，取24.5毫米；

ϕ——综合雨量径流系数，按加权平均计算，取0.6；

F——汇水面积，51.754公顷。

万秀70%径流量控制时调蓄容积为7608立方米。

低影响设施的调蓄深度取0.5米，则低影响设施总面积15216米，因此万秀控制低影响设施面积占村落面积比例不低于30%。

部分分散、部分集中的污水系统设计方案，利用人工湿地、氧化塘等作为处理单元，低耗高效处理万秀村污水，并最大限度将污水资源化利用，为梁子湖区域生态环境保护进行了有益的技术探索。

基于低影响开发理念设计万秀村植草沟、下凹式绿地、透水铺装、绿色屋顶、高位花坛等，最大限度维持其原有的水文循环，并实现对雨水径流量和污染的控制，维持梁子湖周边区域生态和谐，以期建设环境友好型新万秀。

借鉴海绵城市建设的经验，万秀采用的低影响设施面积比例不低于村落总面积的30%。

第七章　美丽乡村村落形象推广

乡村整体视觉形象设计是一个系统工程，它同企业视觉形象设计有一些共同之处。乡村整体视觉形象蕴含了乡村文化、地理特征、物产特色等，设计时要将一些零碎的乡村信息归纳起来，用一个整体的方式来展现。在以旅游带动乡村经济发展的模式中，乡村整体视觉形象对于乡村的宣传、推广十分重要。

一、乡村形象设计的特点

在乡村旅游建设项目中，我们应该把整个乡村当成一个类似于企业的有机体来对待，理性、符合规范地对乡村的整体文化、视觉形象进行包装和设计。但是，乡村又和企业有很大的区别，乡村固有的精神特征、人群特征、人群行为习惯、人群接受状态等都有着相对松散的特点，而这是乡村形象建设尤其要解决的问题。在基于旅游发展的乡村形象设计中，我们应该注意它的乡村性、融合性、时代性。

（一）乡村性

在对进行旅游发展项目的乡村来说，它最本质的就是它的乡村性。乡村给人们的感知特征应当是与城市相对应的，乡村旅游的消费人群基本是以城市人群为主体消费者的，因此，凸显乡村的乡土风貌是乡村旅游中的一个重点。在进行整体形象设计的时候，也要在各个环节中充分展示出发展旅游的乡村的乡村性。欧洲联盟（EU）和世界经济合作与发展组织（OECD）将乡村旅游定义为"发生在乡村的旅游活动"，并且提出"乡村性是乡村旅游整体推销的核心和独特卖点"。[①]

[①] Arie R., Oded L., Acly M., "Rural Tourism in Israel:Service Quality and Orientation", *Tourism Management*, 2000，21（5），pp.451-459.

（二）融合性

在乡村旅游开发中，保持乡村的乡土本色是最重要的，但原汁原味的乡村感却并不适用于旅游。游客在乡村游玩的时候希望能看到最朴实的乡土面貌，但对于乡村过去遗留下来的无序性却并不能适应和接受，例如公共卫生、行经线路导向等。因此，在对乡村进行旅游开发过程中，整体的视觉形象设计应该更关注用游客能容易看懂的形式来进行导向设计。如对公共卫生场所的导向、游玩行经线路的导向等。这些导向设计遵循着国际通用的标准，因此在设计的时候必须依照规范，不能完全乡村化。

（三）时代性

虽然我们在前面多次提到要保存乡村本身的乡土特色，但是，我们也不能仅仅将眼光停留在"保留"这个概念中。由于来乡村旅游的游客大多数是从城市里过来，他们适应了城市里的生活方式，城市里的视觉惯式，如果断然将所有的视觉形式与原来的生活决裂，那将不利于游客在乡村停留时的亲近感。我们在对进行旅游开发的乡村进行整体形象设计的时候，可以适应现代生活中人们的习惯，如可以在实体现场进行视觉导向规划的同时，进行网络信息化的建设，并通过二维码等信息手段将两者联系起来，甚至可以在重点景区放置与景区相关的宣传资料，资料信息与网络相连，随时解决游客的疑问。

二、乡村整体形象设计

乡村整体形象设计包括乡村标志设计、农产品包装设计、旅游区导视设计、宣传品设计、旅游纪念品设计几个方面。

（一）乡村标志设计

一个好的标志是一个企业、集体的综合形象的展现和概括。1983 年 10 月 5 日，国家旅游局将"马踏飞燕"定为中国旅游图形标志，之后，便有越来越多的旅游地开始导入视觉整体设计，开始确定代表自身整体形象的标志。

乡村形象设计中的标志设计，首先要考虑的是标志采用的核心形象。旅游地形象定位源自旅游地的地方独特性，是旅游地自然环境和人文地理典型特征的集中揭示，是一种综合性、地域性的自然地理基础、历史文化传统和社会心理积淀的三维时空组合。[①] 每个乡村都具有它自身的自然、人文环境，具有与其他乡村不同的个性和标志性，我们应该寻找、发掘、确立合适的造型元素。万秀村具有"竹文化""鱼耕文化""生态文化""鄂南建筑文化"四合一的文化特征。游客容易被万秀村的竹林、荷塘等所吸引。因此，将万秀村自身所具有竹、水、荷这几个元素融入到标志设计中。以蓝色为主色调，在于蓝色在情感上与水能很好地发生通感。在蓝色的背

---

① 参见李长秋：《论旅游地形象的定位更新》，《北方交通大学学报（社会科学版）》2003 年第 6 期。

景图形上，粉红色的荷花浮现出来，这里采用易于识别的具象的荷花图形，是映衬了荷塘原本的姿态，使标志与万秀村之间具有更强烈的相关性。为了将万秀村秀美的竹林的形象映射在标志上，在"万秀村"文字的设计中采用了以竹子来作变异的手法。虽然两片竹叶面积并不大，但作为文字中点睛之处，处理得十分微妙（见图7-1）。

图 7-1　万秀村标志

（二）农产品包装设计

农产品，一般指来源于农业的初级产品。国家规定初级农产品包括种植业、牧业、渔业产品，具体包括烟叶、毛茶、食用菌、瓜果、蔬菜、花卉、药材、粮油作物、牲畜、禽、水产品、林业产品等。从目前市场状态来看，大多数这类农产品的包装趋于雷同，没有明显的地理区域特征，简单的塑料袋、瓦楞纸箱是多数产品所选择的包装形态。这些包装还停留在包装保护、存储和运输的基本功能层面，少有提升到个性设计的层面。在一些发达国家，由于农业发展的现代化程度高，市场化也较为成熟，农产品已经脱离了简单的功能性包装，美观性和品牌性已经成为包装设计的重点关注面。与之相比，我国农产品包装的发展相对比较落后。

农产品包装设计，应该是旅游乡村整体形象设计中的一个重要组成部分。农产品包装是乡村形象和品牌质量的重要组成部分。农产品包装设计既要符合农产品在包装中的功能性要求，又要在视觉形象上与乡村整体形象和风格保持一致。

包装设计中，材料的选择和使用也是较为重要的方面。对农产品来说，包装应该体现出绿色、环保的特点，选用可回收、可再循环、可重复利用的包装材料。甚至可以对乡村本地如木、竹、叶、草之类的自然材料进行合理加工，使之用于包装。这样既能体现出产品的本土特色，又能体现发展旅游中的环保意识（见图7-2、图7-3）。

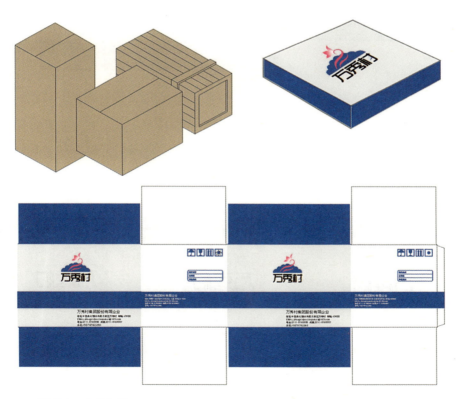

图 7-2　产品包装

图 7-3　产品包装

（三）旅游区导视系统设计

乡村旅游区导视系统设计既要符合一般导视设计的规律，即建立统一规范的视觉导向和方便游客在陌生环境中行进，又要利于旅游乡村的整体形象的构建，展现出旅游乡村独特的人文风貌和乡村风格。

1.旅游区导视系统设计对旅游体验有重要影响

根据消费者的心理认知过程，施密特提出了由感官体验、情感体验、思维体验、行为体验和关联体验五大模块构成的战略体验模型[①]。根据这个模型，我们得知游客在陌生的旅游区行进的过程，即对空间的认知过程。在这个认知过程中，原有的知识和认识经验对自己的判断和行为发生影响。游客已形成的导视习惯会影响其在新的旅游区对道路或路径的选择。因此，旅游区导视系统是否规范会影响游客的整体旅游体验。

2.旅游区导视系统标准化设计的必要性

在乡村的旅游开发中，有必要进行旅游区的规范化、标准化的导视系统设计吗？那会不会显得过于现代，失去了乡村的乡土性呢？旅游区的导视系统设计作为一种通用性视觉设计，其目的是方便游客的行进，削弱游客对陌生地的恐惧感。视觉导视系统设计作为现代社会对特定区域的视觉系统建设，已经成为大众所习惯的视觉设计形式，而当前的视觉导视系统设计基本都是按照统一规范来进行的。因此，对于旅游乡村来讲，其导视系统应该也有必要进行

---

① 万雪芹、安塔娜：《基于消费者感知体验的文化旅游符号消费分析》，《前沿》2011年第5期。

标准化的设计。旅游乡村中的视觉导视系统的标准化设计能降低游客对旅游地的陌生感，能帮助游客在最短的时间内明确自己的空间位置，并让游客能快速地找到目的地。当然，我们所要求的导视系统的标准化并不是要削弱旅游乡村的特色化，标准化和特色化应该是相辅相成的两方面，并不是对立而存在的。

3. 旅游区导视系统设计的实施方向

首先，丰富游客的感官体验。旅游区的感官体验主要表现在视觉和听觉两方面。在视觉方面，我们首先利用景区本色的色调，甚至是不同季节所呈现的色调来设计各类视觉导视的具体产品。这些应景应季的色彩能提升游客的情绪认同感。专用的字体和符号也是建构视觉导视系统设计十分重要的方面，专用的字体和符号有利于游客对旅游乡村留下具体印象。除了视觉上的丰富，还可以将听觉的丰富性融入整体的设计中。在旅游区布设扩音喇叭是当今常用的设计，它既可以用于旅游区整体安全指挥、播报即时信息，又可以通过播放合适的音乐来协调景区的整体气氛。

其次，视觉形态的多样化设计。在丰富游客感官体验的同时，我们可以将视觉形态设计得形式多样化。可以在旅游区的不同景区范围进行一些设计上的变化，根据各个景区本身所具有的材料，或者根据地理特征来进行一些独特的设计。当然，视觉形态的多样化设计是建立在导视设计的整体统一性的基础之上的（见图7-4、图7-5、图7-6）。

图 7-4 指示牌 1

图 7-5　指示牌 2　　　　图 7-6　工作员服装

三、宣传品设计

　　旅游宣传品是乡村整体形象设计中的有机组成部分，它在构建乡村整体形象、提高旅游乡村知名度、吸引游客等方面有着重要意义。

　　旅游宣传品通常包括传统宣传品、宣传影片、车身广告、互联网宣传页面、手机宣传平台以及其他电子媒介等。

（一）传统宣传品

传统纸质宣传品通常包括宣传册、DM 宣传单、杂志广告、报纸广告、海报、广告牌、广告灯箱等。这些是大多数行业和产品所适用的宣传媒介形式，也是人们最容易接受的形式。其特点是信息含量大、可接受性强、可信任度高、易保存等。这些宣传品的设计要依托旅游乡村的整体形象风格特点，要与整体形象设计保持高度一致性。

（二）宣传影片

宣传影片感染力强，覆盖面较广，但是制作成本和发行成本也相对较高，成型时间和周转时间也较长。

对于旅游乡村来说，宣传影片可以很好地展现出旅游地的风貌，能让目标游客快速、清晰地掌握旅游乡村的重点信息。在宣传影片的制作上，必须结合旅游乡村的整体形象设计来确定风格特点，可以在影片中强化村庄的名称、标志、风景、物产及风土人情。

（三）车身广告

车身广告具有跨区域性和目标受众准确性的特点。可以在旅游车辆、周边城镇公交车辆上投放相应的旅游乡村的宣传广告或者物产广告。车身广告必须和旅游乡村的整体形象、广告牌形象、农产品包装保持严格的统一性。良好的统一性更有利于强化旅游乡村的整体形象，同时也可以给游客留下较好的整体印象，这有利于旅游乡村的形象的传播（见图 7-7）。

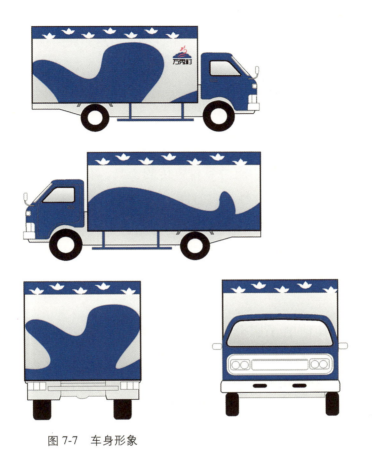

图 7-7　车身形象

（四）互联网宣传页面

为了适应信息化生活，旅游乡村可以建设自己的互联网宣传主页。目标游客可以通过网页详细了解乡村的各类信息，包括乡村的特色、景区、物产等，还可以获取餐饮、住宿等信息。网页宣传页面很容易与旅游乡村的整体形象保持一致性，包括标志的运用、色彩的运用，整体编排风格等。

页面设计中，可以根据不同季节、不同节日来变化信息内容，可以发布旅游乡村的活动信息、季节性物产信息、旅游优惠信息等。

（五）手机宣传平台

人们通过手机上网的频率越来越高，基于手机平台所构建的各类信息交流平台可成为旅游乡村宣传的工具。其具有受众面积大、信息容量大、媒体复合性、实时性、交互性、可检索、可保存等优点。比如可以利用微信、微博等平台发布乡村相关信息，同时又能便捷地和游客及目标游客进行互动。这些都有利于旅游乡村综合形象的建构。

（六）其他电子媒介

其他电子媒介主要指以光盘、网络下载等方式传递的电子文件。这类文件可以传递丰富、详细的信息，主要针对希望深入了解旅游乡村各类信息的游客，以及有合作意向的企业、集体等。这些宣传品的设计风格应当与旅游乡村宣传册的风格、内容相统一，是纸质宣传品内容的延伸。

四、旅游纪念品设计

旅游纪念品承载着游客对旅游地的美好回忆，通常具有方便携带、便于收藏、适合赠予的特点。购买旅游纪念品常常也是构建完整旅程的一部分。因此，其设计、研发也受到各个旅游区的关注和重视。

（一）旅游纪念品的功能及重要性

1. 旅游纪念品促进旅游乡村经济发展

从今天的旅游现状来看，旅行途中购买纪念品已经成了旅游过程中必不可少的消费环节。对发展旅游的乡村而言，旅游纪念品的设计、开发可以解决村民的就业，增加收入，提高村民发展旅游、支持旅游建设的积极性，同时，也能在一定程度上促进旅游乡村经济的发展。

2. 旅游纪念品具有流动宣传的作用

可以以旅游纪念品为载体进行乡村旅游宣传。可以设计具有艺术性、地域特征的旅游纪念品，让这些旅游纪念品既满足游客购物需求、纪念需求，又帮助树立并宣传旅游乡村的形象和品牌。这样的旅游纪念品发挥着无形的广告作用，具有免费宣传的功能。

（二）旅游纪念品设计开发的重点

旅游纪念品的设计与开发必须在发展乡村旅游项目的整体规划下进行，让乡村的文化与景观资源、物产资源在旅游发展中创造更大的价值。可以挖掘旅游乡村的文化、资源特色，在把握旅游乡村的整体视觉形象和文化形象的基础上进行旅游纪念品的设计、发展和加工。

结合万秀村"竹文化""鱼耕文化""生态文化""鄂南建筑文化"

四合一文化特征中的"竹文化"，可以借鉴江西井冈山的竹制纪念品，发展竹雕、竹用品、竹玩具等纪念品。又可以从"鄂南建筑文化"着手，发展建筑题材的装饰画、明信片、装饰品等纪念品（见图 7-8、图 7-9）。

综上所述，乡村旅游建设中的形象设计是一个系统且庞大的工程，不仅仅涉及整体视觉形式的设计，还包括贯穿始终的旅游管理、运营的各个层面。要深入了解乡村的人文风貌、自然风貌，充分挖掘各类文化内涵，才能真正将旅游乡村的整体形象设计成我们所期望的样子。

图 7-8　旅游纪念品　　　　　　　图 7-9　旅游纪念品

第八章　美丽乡村建设与反思

新农村建设涉及五个主体：政府、村民、村两委、施工方、研究团队。

政府处于主导地位，主要体现在：第一，决定示范点的标准，选择示范点。示范点的选择应该体现"天时""地利""人和"三位一体。"天时"指在国家大的政策框架之下，当地政府重视并有宽松的政策和一定的资金支持，有决心努力建造具有活力的村社一体化的新农村。"地利"是指当地村落有好山、好水、好树、好产品，区位好、文化好、风水好、历史好、物产好，村落的元素越多越好，越有个性越好。"人和"是指当地政府（县乡两级）和村两委人员的认识高、人品好、战斗力强。新农村建设的好坏关键看村两委人员素质，因为他们是中间力量，专家和领导思想的落地关键依靠他们去实施。第二，决定村落建设的项目，合理规划。政府对示范点建设的要求、工作步骤、职责分工以及实施方案作出详细规划。比如规划、基础设施、环境建设、村风、民房改造等方面达到什么目标，其具体要求是什么，都要详细制定。第三，决定财和物投入的数量和方式。比如，每户农房改造补贴多少，太阳能热水器补贴多少，书吧补贴多少，祠堂补贴多少等都由政府部门统一安排。第四，派驻专门的工作队，工作队直接协调以上五个主体的工作。

村民是新农村建设的主体，但在实际操作过程中，村民往往认为新农村建设是政府的事情而与自己无关，并长期以来形成了"等、靠、要"的思想。大多数农民认为新农村建设确实能给自己和村落带来好处，但难以认识到新农村建设是国家长期战略。

村两委名义上是村民自治机构，但大多数村民委员会负债运营，没有实际的经济功能，村两委的选举基本上是上级控制，故无力和无手段将农民组织起来。两委委员通常也形成了等靠要的思想。在新农村建设过程中，他们往往会代表农民和自己的利益去跟政府博弈。在一些发达地区和曾经得到好处的行政村，因为往昔政府各项专项资金的划拨往往与村干部争取有关，因此在资金的使用上他们往往也只对上级负责而很少向村民交代。

施工方通常有两种。一种是以公司名义存在的施工队，施工技术娴熟，能按图施工，往往以利润最大化为追求目标。另一种是农民自发组成的施工队，施工技术不太娴熟，有时看不懂图纸，但在施工中能保证质量和节约成本。

研究团队也有两种。一种是将新农村建设中的规划、设计当作一个业务来完成，基于纯商业目的很少站在国家层面来考虑问题。另一类研究团队聚集了高校、科研院所的专家学者，这些专家学者作为国家智库有职责为国家建设作出贡献。他们将此作为自己的长期研究课题，从国家政策层面和具体操作层面探索激发农村的活力，在政府的主导下发挥农民的主体性，从而建设具有一村一品和一村一景的"经济发展、社区建设、社区治理"三位一体的新农村。[①] 这类团队往往由政府聘请，他们的理想和目标决定了他们往往能够站在公众的立场，力争作出让政府满意、村民满意、专家满意的项目。

一个新农村项目的实施缺少以上任何一方都是不完整的。五方因为各种原因通常存在着持续的博弈，并争取自己利益的最大化。新农村建设因为资金投入上的困境限制了地方政府的行动选择。中央财政支农资金虽然每年都在增加，但相对于农村巨大的人口和新

---

① 参见沈亚南：《基于社会基础理论的乡村—社区模式研究》，硕士学位论文，曲阜师范大学，2010 年。

农村建设的资金量来说远远不够。中央财政支农资金往往需要地方配套，但对于欠发达地区来说，县乡政府财政拮据。① 新农村建设不得不进行，因此，政府在新农村建设中多选择在"花钱少、出效果"的立面整治上做文章，对于埋在地下的污水治理和立马看不见效果的村落集体合作社以及老年协会、旅游产品开发等内在机制建设就不够重视，这就和村民的现实需求发生矛盾。村民一般满足于现有住房，自己出资建设的意愿不足。于是，新农村建设就变成了政府的事情，政府再将任务安排给村两委。而村两委迫于资金压力难以推动，于是村民和村两委形成合力与政府博弈。但如果村两委推动不力，政府可以"不换思想就换人"的名义换掉村两委主要干部。虽然政府财政困难，但可以向上级各个部门申请各项专项资金，如环保部门的污水治理资金、交通部门的道路建设资金等，通过这些资金的投入适当改善村落建设的困难。博弈双方进入胶着状态，使工作推进更加困难，往往与政府期待的"短、平、快"出效果相矛盾。

对村民来说，往往没把自己当成新农村建设的主体，没当成是自己及家庭、村庄的事情。同时，农民认识和行为不协调，开放进取但又依赖，对知识渴望但又盲从，长期流动但又对乡土眷念等矛盾特点以及本身的经济基础薄弱，造成他们对新农村建设的观望和应付态度。体现在新农村建设中，他们不能得到好处就不搞，能得到好处就搞，而且还需要立竿见影的好处。行为短期性十分明显。

对于赚取经济利润的施工企业，一些相对高难的公共项目可以

---

① 参见杨泽娟：《新农村建设中政府主导与农民主体的博弈——以江西网形村为例》，《求实》2008 年第 12 期。

承包给他们。对于民房改造，建议在专家的指导培训下由户主雇请当地村民完成。此种建设模式，户主的认识和要求不一样，施工的效果也会大不一样。很大一部分村民期望借助新农村建设来扩大建筑面积和居住质量，往往不会考虑整个村落的效果和空间使用状况。这时，村两委和研究团队的控制与博弈就非常重要。

科研团队在以上四方博弈中，应该起黏合剂作用，要抱着以激活村落活力为目标而工作。单纯的设计师团队往往不能满足所需。团队要包含制度建设、合作社建设、旅游策划、规划、生态设计、建筑改造和设计、景观设计、室内设计、品牌推广各个方面的专家。团队同时是一个社会活动者，有落地的能力，能理解政府、村两委、村民、施工方的想法，能寻求一个合理着力点，作出既省钱、又省力，同时能在一定时间出效果的方案，从而满足各个主体的不同需要。

根据以上分析，新农村建设要遵循以下规律。

第一，不同村落不同对待。未来，中国有10%的村庄会融入城市；60%的村庄会逐渐凋敝（其中70%的人口要进城，20%的人口向中心村集中），这些村庄未来会成为专业型的生态养殖区和农机化大农区；余下30%的村庄是中心村。要凋敝的70%的村庄在短时间内不会消亡，也不能消亡，因为中国的产业从"制造"到"创造"转型的过程还没有完成，所以在相当长时间内，这些村子作为蓄水池和稳定器的作用不能消失，不然，中国无法完成产业转型，无法稳妥实现具有中国特色的城市化。对于这类村庄，在保持村庄基本结构的情况下，让老人幸福生活，让留守小孩健康成长，让妇女生活快乐，让外出打工的农民出得去、回得来是村庄建设的主题。其他30%的村庄，即12万个中心村则是建设的重点。假如每年国家投入4000亿元建设12万个村庄，则每个村子可分得333万元，十年就是3330万元。[①] 再加上调动的农民资金和合作社创收的资金，这12万个村庄会建设得很好。城市里10亿居民也有了休闲、度假、养老的地方，12万个村庄也会发达起来。对于这类村庄，应该精心打造，追求特色的营造，追求一村一品、一村一景的目标。

第二，以激发"内生活力"为中心。新农村建设不仅仅是政府的事情，政府只是起到主导作用，在政策导向、组织领导、规划设计、资金保障等方面起作用。新农村建设更不是开发商的事，开发商是以赚取利润为目的。新农村建设的主体应该是农民，意味着在政府和社会力量的指导下，尊重农民的利益需求，赋予农民对新农村建设、规划、实施的决策权，最大限度地发挥农民的主动性、积极性和创造性。[②] 把村集体经济建设作为主要任务，促进村社共同体的发展，最终把村民组织起来，产生"内生活力"，让其自主地建设自己的家园。

第三，软件建设先行。新农村软件建设需要的时间较长，地方政府在新农村建设上时有求快求短的思想，因此常常重硬件建设而轻软件建设。但软件建设是发动机，是"内生机制"有效运行的保障，因此在新农村建设中首先要做好软件建设。其一是要做好资金互助合作社，资金互助可以促发展，利息收入可以敬老人。其二是做好旅游合作社、养老合作社、农产品加工合作社等的建设。这些合作社应该和资金互助合作社分离而单独经营。其三是做好发展规划以及文化建设，制定村规民约。在重视社区经济建设的同时，更

---

① 李昌平：《把农村建设得更像农村》，《中州建设》2012年第13期。

② 参见杨泽娟：《新农村建设中政府主导与农民主体的博弈——以江西网形村为例》，《求实》2008年第12期。

重视孝文化等传统文化的回归，把村落建成养老村、敬老村。结合旅游产品的开发，开展丰富的文体活动，增强村庄的凝聚力。

第四，硬件建设有特色。硬件建设要从小事做起，以无垃圾、恢复农业生态文明优势为起点，做好垃圾分类，做好适于农村发展的污水处理系统。在遵循不过度设计和适当减法设计的基础上追求特色。因为要建设的是乡下人喜欢、城市人也喜欢，百姓喜欢、干部也喜欢的村子。所以，一定要在一村一品、一村一景的原则上，在结合当地地域特色的基础上，营造自己村落的特色。硬件建设所涵盖的内容包括民居改造，村落公共建筑和设施，村落景观空间节点，植物配置，污水处理等内容。

第五，不能拔苗助长。新农村建设是一个长期的过程，要用30—50年的时间。一个村的试点需要3年，普及到镇又要3年，普及到县又要3年，一共9年，而现在主要官员的任期只有2—3年，所以很多地方毫无疑问地将新农村建设当作一次大跃进，求短、求快、求表面效果。这样，就容易拔苗助长，老的问题没解决，新的问题又出现。新农村建设涉及县、乡、村三级干部观念更新的问题，涉及合作社及市场的培育问题，涉及村民的理解问题，涉及文化、历史传承问题等。在这些问题没有解决之前，速度越快、投入越大，往往收效越小。

本书着眼于中国乡村复兴的愿望，以行政村为单位，探讨新农村建设的"内生模式"。该模式建立在普惠制基础上，在政府主导、农民主体的情况下，让农民自己行动起来形成内在动力，从而建设自己的美丽家园。"内生模式"的关键，就是必须要建立在村社共同体的基础上，建立在合作社的基础上，建立在依托村落特有资源而提倡一村一品、一村一景的基础上。虽然经过不断努力，实验也取得了一定成果，但必须看到，中国乡村复兴的道路任重而道远。目前项目推进主要是依靠党和政府领导的决心和支持。同时，未来如何协调各条块部门利益与农户、资本之间的关系，基层合作社和上级部门的对接问题以及合作社未来运作的技术层面等问题还值得进一步研究和探讨。总之，"内生模式"肯定是中国农村良性发展的一个有效和目标模式，但在政策、策略和技术方法上需要探索的内容还有很多很多。

参考文献

温铁军:《中国新农村建设报告》,福建人民出版社2010年版。

郭俊霞:《打工经济对农民家计安排的影响——皖北李圩村调查》,《华南农业大学学报(社会科学版)》2010年第9期。

臧乃康:《村民自治中国家与社会关系透析》,《政府新论》2005年第1期。

郭星华:《构建和谐的中国农村社会》,《探索与争鸣》2005年第2期。

周琳琅:《发展农民专业合作经济组织的意义、障碍和对策》,《湖北社会科学》2004年第7期。

张华:《我国城乡公共物品政府供给的差异性及其调整——基于公共财政支出的分析视角》,硕士学位论文,厦门大学,2007年。

郭勇等:《破解新形势下的农村反贫困难题》,《党政干部参考》2013年第12期。

高志永等:《我国农村环境管理体制探析》,《环境保护》2010年第19期。

姜作培:《全面解读新农村建设"二十字"蓝图》,《中共成都市委党校学报》2006年第3期。

贺雪峰：《论中国式城市化与现代化道路（二）》，2014 年 3 月，http://finance.ifeng.com/a/20140304/11800814_0.shtml。

贺雪峰：《城市化的中国道路》，东方出版社 2014 年版。

贺雪峰：《中央一号文件再解读：农业人口市民化急不得》，《现代审计与会计》2014 年第 7 期。

冉清文：《网络时代的政府职能》，《探索与争鸣》2005 年第 2 期。

贺雪峰：《土地问题的事实与认识》，《中国农业大学学报（社会科学版)》2012 年第 29 期。

苦茶庵：《稳健的中国城市化道路》，2014 年 7 月，见 http://www.snzg.cn/article/2014/0725/article_38865.html。

贺雪峰：《立足增加农民福利的新农村建设》，《学习与实践》2006 年第 2 期。

叶雷：《逆城市化：虚设的忧虑还是美丽的转身?》，《党政论坛》2010 年第 22 期。

王金荣：《当前我国小城镇经济发展困境及其对策探析》，《齐鲁学刊》2011 年第 3 期。

王小伟等：《我国与发达国家的逆城市化现象对比分析》，《资源开发与市场》2006 年第 22 期。

郭敬生：《我国农村"逆城市化"发展研究》，《农业现代化研究》2009 年第 30 期。

贺雪峰：《十字路口的中国"三农"》，2010 年 8 月，http://www.tushu001.com/ISBN-9787209054096.html。

陈文胜：《论城镇化进程中的村庄发展》，《中国农村观察》2014 年第 3 期。

贺雪峰：《土地问题的事实与认识》，2013 年 12 月 25 日，见

http://www.360doc.com/relevant/498676720_more.shtml。

李昌平：《再向总理说实话》，中国财富出版社 2012 版。

邓万春：《内生或内源性发展理论》，《理论月刊》2011 年第 4 期。

仝志辉等：《资本和部门下乡与小农户经济的组织化道路——兼对专业合作社道路提出质疑》，《开放时代》2009 年第 4 期。

鲁雅琴：《发展农村非农产业是解决"三农"问题的钥匙》，《乡镇经济》2004 年第 11 期。

丁峰：《湖北省两控区内二氧化硫来源及分布的研究》，硕士学位论文，武汉理工大学，2003 年。

赵强：《梁子湖湖泊类脂物前处理方法对比研究》，硕士学位论文，中国地质大学（武汉），2010 年。

《梁子湖涂家垴地图》，见 http://www.shrswl.com/ditucd/tujianao.html。

樊殿华：《农地流转实验：资本下乡与村社互助都自认最有出路》，2014 年 1 月，见 http://news.ifeng.com/shendu/nfzm/detail_2014_01/17/33105573_1.shtml。

季元杰：《协商式民主与温州民间行业组织的实践》，《湖北行政学院学报》2006 年第 5 期。

陈明华等：《论新农村建设中农民主观能动性的发挥》，2011 年 7 月，见 http://www.doc88.com/p-753222923378.html。

龙方等：《海南旅游村落景观的规划设计——以海南重合村为例》，《海南大学学报（自然科学版）》2013 年第 6 期。

吴锋等：《"造血"与"输血"——系办地区新农村规划方法的探求》，《城市规划》2009 年第 3 期。

吕红医：《中国村落形态的可持续性模式及实验性规划研究》，

博士学位论文，西安建筑科技大学，2005 年。

李晓峰等：《两湖民居》，中国建筑工业出版社 2009 年版。

叶云：《鄂东南传统民居聚落生态文化探析——以湖北省通山县闯王镇芭蕉湾为例》，《中南民族大学学报（人文社会科学版)》2009 年第 4 期。

周晓红：《农村村民自建房形式研究——"平""坡"之争》，《建筑学报》2010 年第 8 期。

康爱容等：《我国农村新民居建设的模式探讨》，《甘肃建筑科学》2010 年第 6 期。

扶国等：《编制建筑》，《建筑学报》2004 年第 5 期。

许丽萍：《夯土墙在新的乡土生态建筑中的应用——浙江安吉生态屋夯土墙营造方法解析》，《四川建筑科学研究》2007 年第 6 期。

车红：《包头市历史文化遗产在城市建设中的作用》，硕士学位论文，西安建筑科技大学，2005 年。

关瑞明等：《传统民居的类设计模式建构》，《华侨大学学报（自然科学版)》2003 年第 24 期。

林楠：《湖北地区新农村居住空间形态的探讨》，《武汉工业学院学报》2008 年第 27 期。

蒋巍：《浅谈关中传统民居的现代适应性转型》，《新西部》2010 年第 10 期。

陈超君等：《人本主义视角下的乡村居住空间改造方式探析》，《生态经济》2011 年第 9 期。

朱利峰等：《新农村室内环境生态设计的技术措施》，《湖北农业科学》2012 年第 51 期。

肖笃宁等：《景观生态学》，北京科学出版社 2003 年版。

郎小霞等：《新农村的特色发展之路——以青岛崂山区为例》，《安徽农业科学》2010 年第 27 期。

王云才等：《论中国乡村景观及乡村景观规划》，《中国园林》2003 年第 1 期。

谢花林等：《乡村景观规划设计的相关问题探讨》，《中国园林》2003 年第 1 期。

姜广辉等：《论乡村城市化与农村乡土特色的保持》，《农业现代化研究》2004 年第 5 期。

张群：《景观文化及其可持续设计初探》，硕士学位论文，华中农业大学，2004 年。

卫思瑜：《新农村建设中环境问题的特殊性及其法律规制研究》，硕士学位论文，西安建筑科技大学，2013 年。

中华人民共和国环境保护部：《2013 年环境统计年报》，见 http://zls.mep.gov.cn/hjtj/nb/2013tjnb/201411/t20141124_291868.htm。

汤萌萌：《基于低影响开发理念的绿地系统规划方法与应用研究》，硕士学位论文，清华大学，2012 年。

任树梅等：《利用下凹式绿地增加雨水蓄渗效果的分析与计算》，《中国农业大学学报》2000 年第 5 期。

颜晓斐：《上海初期雨水污染控制与治理对策》，2011 年 11 月，见 http://www.aquasmart.cn/news/rain/rwft/7439.html。

程晓波：《上海市中心城区初期雨水污染治理策略与案例分析》，《城市道桥与防洪》2012 年第 6 期。

住房城乡建设部：《海绵城市建设技术指南——低影响开发雨水系统构建（试行）》，2014 年 10 月。

Arie R，Oded L，Ady M．：《Rural Tourism in Israel:Service

Quality and Orientation》,《Tourism Management》2000 年第 5 期。

李长秋:《论旅游地形象的定位更新》,《北方交通大学学报（社会科学版)》2003 年第 6 期。

万雪芹、安塔娜:《基于消费者感知体验的文化旅游符号消费分析》,《前沿》2011 年第 5 期。

沈亚南:《基于社会基础理论的多村一社区模式研究》,硕士学位论文,曲阜师范大学,2010 年。

杨泽娟:《新农村建设中政府主导与农民主体的博弈——以江西网形村为例》,《求实》2008 年第 12 期。

李昌平:《把农村建设得更像农村》,《中州建设》2012 年第 13 期。

李井泉:《黑龙江省巴彦县新农村建设发展研究》,硕士学位论文,中国农业科学院,2009 年。

后　记

即将付梓的书稿沉甸甸的。回想十年前，武汉科技大学艺术与设计学院刚成立时，我和艺术设计系的一些老师为环境设计这个专业如何办出特色苦苦求索。国内环境设计专业大多偏向艺术领域的探索和追求，除此之外，我们能不能和中国的建设结合起来，为中国的建设贡献自己的一份力量呢？这也是当时中国美术家协会环境艺术设计委员会所倡导的。适逢那时中共中央提出建设社会主义新农村，并将其作为国家层面的战略来实施。我当时正在攻读硕士研究生，我的导师陈顺安先生早年上山下乡时在江汉平原地区插队当知青，对江汉平原地区的水患有深刻的认识，他要求我们研究江汉平原地区农业景观。我和同学们一起深入江汉平原地区的石首市调研，完成了硕士论文《江汉平原湿地农业生态景观模式研究》，同年获得了湖北省优秀硕士论文，作品还获得了第一届全国环境艺术展的银奖并参加了第十届全国美展。之后我和同事们商量，觉得研究农村和传统聚落应该是一个不错的选择，虽然清华大学、天津大学等很多学校的建筑专业已将其作为一个研究传统，但艺术院校研究的还不多，且从聚落环境角度着手的更是不多。于是我们将聚落环境考察和测绘作为本科生和研究生的一门必修课，每年暑假下乡进行传统聚落环境和民居的调查和测绘。乡下偏僻、条件非常差，但师生们都能吃苦耐劳，十几年来，往返于湖北各地市镇乡下之间，无论风吹雨打，团队成员都能不计报酬，吃住在农民家里。这样积累了大量的调研资料和丰富的工作经验。在此期间，团队成员一直将新农村建设作为研究的主要方向，特别是在研究建设中如何体现地域特色，如何将传统聚落营建的思想特征保留、更新方面做了大量的工作。其间也取得了一些成果，申请成功省部级以上课题6项，《汉派新民居研究》等两项研究获得湖北省社科优秀成果二等奖，并在全省范围推广。

之后，我在华中科技大学建筑与城市规划学院攻读建筑学博士学位，梦里的美丽乡村依然牵绕着我继续研究这一领域，在导师龙元先生的指导下，完成了论文《城市化背景下城市边缘区聚落景观过程研究》。其间思考很多，发现完全用建筑学的方法进行新农村建设还太片面，中国农村的问题更多的是社会问题。农村缺乏活力的原因很多，其中之一是村社一体化还没有建立起来，当前新农村建设很多是"外热内冷""外动内不动"。正好有机会和李昌平先生交流，他也阐述了同样的观点。一次偶然与梁子湖区曾经的主要领导熊新文以及当时梁子湖区的主要负责人杨全意谈起新农村建设的设想，没想到一拍即合，当即有了在梁子湖试点的初步决定，于是就有了现在的梁子湖"内生模式"，以及后来的武汉黄陂木兰山村和黄石的熊家境村建设实验。

刚开始进村工作其实很难，村民们并不太理解，他们认为"我们这挺好的，你们为什么要来打搅我们的生活呢"。镇一级的干部很多也不理解，能躲就躲，但涂家垴镇党委书记吴斌态度坚决并常常亲自在一线指导，经过半年的艰难建设，多家农家乐开起来，村民得到好处后才慢慢理解并支持起来。

梁子湖区美丽乡村建设 3 年来，已由万秀村扩展到涂家垴镇，进而扩展到全区，农民都自发满怀热情地建设自己的家园，鄂州市也已将此经验推广到全市范围。

团队成员也在慢慢壮大，12 位年富力强的学者们共同挑起了这副担子，各位专家在研究方向上各有专攻，但对美丽乡村建设却有着一致的兴趣和热情。

美丽乡村建设是一个漫长而艰难的过程。一种理论体系并不能解决所有的问题，在实践过程中会有很多的问题需要解决，一个条件不同产生的结果会不一样。梁子湖区的美丽乡村建设还有很多需要思考和改进的地方，但只要大方向不变，路途也许很艰难，但前途应该是很光明的。

全书由叶云、袁心平统稿。叶云撰写第一、二、八章，李一霏撰写第三章，罗斌撰写第四章的建筑部分，袁心平撰写第四章的室内部分，侯涛撰写第五章，杨小俊撰写第六章，白雪撰写第七章。篇章结构由团队共同商议确定，资料和相关素材共享。本书图片除已注明出处之外，均为团队成员所拍摄和设计。

本书的研究得到了国家文化部艺术规划项目、湖北省自然科学基金项目、湖北省社会科学基金项目、建设部科技项目、湖北省教育厅中青年人才项目等多个项目的资助。

历时两年多的写作终于告一段落，个中的艰辛难以言说，喜悦之情亦难以抑止。在研究和撰写、出版过程中，得到了很多单位和人士的帮助，特别是鄂州市市委书记李兵多次到现场视察和指导工作。在此要感谢湖北省鄂州市人民政府和党委、梁子湖区人民政府和党委、涂家垴镇人民政府和党委、万秀村和张远村村委会提供的帮助，感谢武汉科技大学各相关部门及艺术与设计学院同人的支持，感谢人民出版社编辑同人的敦促和审阅。

特别感谢鄂州市市委书记李兵，梁子湖区区委书记夏帆，梁子湖区区长李卫国，梁子湖区原纪委书记杨伟志，涂家垴镇党委书记范爱国，涂家垴镇生态办主任余志强，梁子湖区原主要领导麻琦、杨全意，涂家垴镇原党委书记吴斌，涂家垴镇原镇长卢山及万秀村熊友茂、杨怡生、刘俊等同志给予的意见和帮助。特别感谢武汉科技大学熊新文先生、涂伟教授、程毓女士，华中科技大学贺雪峰教授，著名三农专家李昌平先生，人民出版社郭倩女士对书稿提出的宝贵意见和建议。特别感谢武汉科技大学学生王芊、李斌琪、张明明、丁磊、左权等提供的帮助。

受书稿写作时间紧迫及资料掌握局限性所限，虽几易其稿，但书中一定还有相当多缺憾，还望业内同行不吝赐教，可发电邮至 yeyun0000@163.com 批评指教。

叶　云

2017 年 3 月

责任编辑：郭　倩
责任校对：吕　飞
封面设计：汪　阳

图书在版编目（CIP）数据

"内生模式"美丽乡村建设：鄂州市梁子湖区建设实验／叶云　袁心平
　李一霏　等　著．—北京：人民出版社，2017.12
ISBN 978－7－01－018252－0

I.①内…　II.①叶…　III.①城乡建设－研究－鄂州　IV.① F299.276.33
中国版本图书馆 CIP 数据核字（2017）第 227791 号

"内生模式"美丽乡村建设
NEISHENG MOSHI MEILI XIANGCUN JIANSHE
——鄂州市梁子湖区建设实验

叶云　袁心平　李一霏　等　著

人民出版社 出版发行
（100706　北京市东城区隆福寺街 99 号）

北京汇林印务有限公司印刷　新华书店经销

2017 年 12 月第 1 版　2017 年 12 月北京第 1 次印刷
开本：710 毫米 ×1000 毫米 1/16　印张：15
字数：193 千字

ISBN 978－7－01－018252－0　定价：62.00 元

邮购地址 100706　北京市东城区隆福寺街 99 号
人民东方图书销售中心　电话（010）65250042　65289539

版权所有·侵权必究
凡购买本社图书，如有印制质量问题，我社负责调换。
服务电话：（010）65250042